CONSIDÉRATIONS

SUR LES

PRINCIPALES ACTIONS

DU CHRÉTIEN,

PAR

LE R. P. JEAN CRASSET,

De la Compagnie de Jésus.

———

NOUVELLE ÉDITION

REVUE ET CORRIGÉE PAR UN PÈRE DE LA MÊME COMPAGNIE.

PARIS,

CHARLES DOUNIOL, LIBRAIRE,

Éditeur du Correspondant, recueil périodique,

RUE DE TOURNON, 29, PRÈS LE PALAIS DU LUXEMBOURG.

1855

A

NOTRE SEIGNEUR JÉSUS-CHRIST,

RÉDEMPTEUR DU MONDE.

Je vous adore, ô mon Sauveur et mon Dieu, comme l'Auteur du salut et de la vie de tout le genre humain. Sans vous nous étions morts et à jamais enfants de colère; vous nous avez, ô Jésus, donné la vie et tirés des portes de l'enfer par vos douleurs et par votre sacrifice sanglant. Et de plus, pour en conserver un éternel souvenir, vous avez institué le sacrifice de nos autels, qui en est la représentation perpétuelle. Fai-

tes, ô divin Sauveur, qu'après une si heureuse renaissance, je vous consacre toutes les actions de ma vie, afin qu'elles soient dignes d'un chrétien, et qu'étant mort au péché, au démon et au monde, je ne tombe plus sous la cruelle servitude de ces tyrans, mais que je vous serve en esprit et en vérité.

NOTICE

SUR LA VIE ET LES VERTUS

DU

P. JEAN CRASSET,

Par le P. LOUIS JOBERT,

DE LA COMPAGNIE DE JÉSUS (1).

Jean Crasset naquit à Dieppe, l'an 1618, le troisième jour de janvier. Ses parents prirent soin de l'élever chrétiennement non-seulement dans la piété, mais aussi dans l'étude des lettres et des sciences, où ils l'entretinrent jusqu'à sa seconde année de théologie. Il quitta alors le monde pour suivre l'at-

(1) Le P Louis Jobert, habile prédicateur et savant antiquaire, né à Paris en 1637, fut le compagnon des travaux et le successeur du P. Crasset dans la direction de la Congrégation de la Sainte-Vierge, établie à la maison professe de Paris; il mourut en cette ville, le 30 décembre 1719.

trait de Dieu, qui l'appela à la Compagnie de Jésus d'une manière toute miraculeuse.

Le jeune Crasset n'avait encore que douze ans lorsque son père mourut. Il demeura constamment auprès de lui durant sa maladie, pour lui rendre les petits services dont il était capable ; et le voyant tirer à sa fin, il ménagea le temps qu'il était seul au pied de son lit, pour prendre le crucifix, et pour lui faire une exhortation si dévote et si touchante, que ce bon père ramassant ce qui lui restait de forces, s'écria : *O mon cher fils, que vous serez un jour un grand serviteur de Dieu!* Ces belles espérances donnèrent courage à sa mère pour lui faire continuer ses études, où il se distingua toujours par la vivacité de son esprit, et par une application extraordinaire dans un enfant.

Enfin étudiant en théologie, et lisant un jour pour se divertir le livre des États et Empires du monde, il semble qu'à la comptant de différentes nations qui vivent sans la connaissance de Dieu, il

conçut dès lors le désir de travailler à
la conversion des âmes : car il assure
que Dieu lui fit entendre très-distincte-
ment une voix qui lui disait au cœur :
*Il faut que vous vous fassiez Jésuite :
c'est dans cette Compagnie que je veux
que vous me serviez le reste de vos
jours*. Paroles dont il fut tellement pénétré, que tous les matins il se réveil-
lait prévenu de cette pensée, à laquelle
Dieu l'attachait fortement, lui faisant
trouver une douceur merveilleuse, et
un repos d'esprit, qui était comme le
premier gage de ce qu'il devait espérer
de la fidélité qu'il aurait à le suivre.

Il est vrai que sa timidité naturelle
et le peu d'estime qu'il avait de son esprit et de sa capacité l'empêchèrent durant quelques mois de se découvrir à
personne. Il ne pouvait croire que l'on
voulût se charger de lui ; et jamais il
n'eut la hardiesse de parler de son dessein qu'à un frère Jésuite de ses amis,
qui lui donna courage, et l'obligea de
se déclarer à un Père de sa connaissance ; ce qu'il ne fit qu'avec une ex-

trême peine, et avec une grande appréhension d'être refusé par les supérieurs.

Il trouva plus d'accès auprès d'eux qu'il n'avait espéré. On l'écouta avec bonté, et il continua à solliciter avec grande ferveur sa réception. Il se tint même assuré d'obtenir ce qu'il souhaitait, depuis qu'il eut éprouvé un trait miraculeux de la protection de la très-sainte Vierge qu'il aimait dès lors comme sa bonne Mère, et à qui il s'adressait avec une parfaite confiance.

Au plus fort de ses poursuites, la peste étant Paris, et déjà plusieurs en étant frappés, notre prosélyte fut de ce nombre. Il sentit sous l'aisselle une tumeur de la grosseur d'un œuf, et la frayeur du médecin, à qui il la montra, lui fit assez apercevoir que c'était un vrai charbon, dont il devait tout appréhender. Il ne s'épouvanta point trop. Le médecin l'ayant quitté brusquement, il courut à l'église cathédrale ; et prosterné devant l'autel de la sainte Vierge, il lui demanda sa guérison, pour pouvoir obéir à la voix de Dieu, qui l'ap-

pelait à la Compagnie de Jésus. Il se
retire ensuite plein de confiance; il se
met au lit, dort tranquillement; et à
son réveil il se trouve si parfaitement
guéri, qu'à peine restait-il aucun ves
tige de cet apostume si dangereux.

Il fut enfin reçu dans la Compagnie,
l'an 1638, âgé de vingt et un ans. Il entra au noviciat de Paris, le 28 d'août,
jour de saint Augustin, qui fut comme
un heureux présage du zèle avec lequel
il a combattu toute sa vie les ennemis
de l'Église, à l'exemple de ce grand docteur de la grâce de Jésus-Christ.

Je ne puis rien dire de particulier des
quatre premières années qu'il a passées
dans la Compagnie. Il me paraît seulement, par les vues que Dieu lui communiquait sur la manière de traiter avec
lui et sur la perfection qu'il devait donner à toutes ses actions, qu'il était déjà
arrivé à un haut point de vertu. Instruit
par ces divines leçons, il ne s'égara jamais dans des routes écartées; mais toujours attaché au chemin qui le conduisait le plus droit à sa fin, il fit consister

sa perfection à remplir noblement les desseins de Dieu sur sa personne, et les devoirs de sa vocation. Ainsi il allia toujours les exercices laborieux de la vie active, au doux repos de l'oraison, et ne s'appliqua au service du prochain que comme les anges, qui sont attachés à la garde des hommes, et dont l'emploi charitable ne les détourne pas un seul moment de la vue de Dieu, et de l'union parfaite qu'ils ont avec lui.

Depuis l'année 1643, je me trouve instruit par ses papiers secrets de ce qui se passait dans son cœur ; j'apprends qu'étant alors appliqué à l'instruction de la jeunesse dans les classes, Dieu lui fit connaître plus distinctement l'état où il voulait qu'il entrât ; c'est à savoir dans un abandon très-parfait à sa sainte volonté, qui naîtrait d'un renoncement total à sa volonté propre et à sa liberté, pour se laisser uniquement conduire à l'attrait du divin Esprit, qui lui voulait servir de maître. Cette disposition lui était d'autant plus nécessaire, qu'il se trouvait du côté du corps avec une santé

fort faible, sujet à quantité d'incommodités; et du côté de l'esprit, avec un
naturel, une humeur, une éducation,
et des manières, où son humilité lui
faisait trouver mille défauts; accoutumé
dès ses premières années à ne se rien
pardonner, et toujours persuadé de
plus en plus de son peu de mérite,
jusqu'à croire qu'il était insupportable
à tout le monde, et à tomber par là
dans un grand découragement, qui lui
faisait appréhender qu'il ne demeurât
inutile à la Compagnie, sans pouvoir
jamais en remplir dignement les emplois. Rien n'est plus édifiant que de
l'entendre parler lui-même de l'état où
il se trouvait.

« J'ai vécu onze ans dans la Compagnie, dit-il, comme un pauvre misérable abandonné à de grandes tentations,
désolé, et dans des peines d'esprit et des
incommodités de corps inexplicables.
Il me semblait que personne ne me
considérait, et que pas un ne prenait
part à mes afflictions; de sorte que je
ne trouvais rien de quoi me soutenir,

sinon une certaine douceur à m'entretenir avec Dieu, et quelque peu de consolation dans l'oraison ; car, malgré l'abattement où je me voyais, fidèle à ne manquer jamais mes oraisons, quelque pressé que je me trouvasse, ou de mes infirmités, ou de mes études, ou de mes occupations, je prenais assez courage pour me dire qu'il n'y avait qu'à suivre l'attrait de Dieu, et à ne perdre aucune des occasions de me mortifier qui se présentaient très-fréquemment ; et que peut-être, après tant de combats, la paix serait le fruit des victoires continuelles qu'il fallait remporter sur moi-même.

» Cependant ce petit secours me manquait assez souvent ; car encore que je m'efforçasse à me surmonter en tout, je me trouvais quelquefois si sec et si désolé dans mon oraison, que la nature se sentait comme dans une agonie mortelle. Enfin il plut à Dieu de m'ouvrir une nouvelle voie qui me dédommagea de toute la fatigue du

chemin que j'avais tenu jusqu'alors
pour aller à lui.

» Ce fut après la fête de l'Ascension,
temps auquel les apôtres commencèrent à ressentir la perte qu'ils avaient
faite de la personne adorable de leur
Maître, qu'il plut à Dieu me le faire
trouver présent d'une manière ineffable, comme pour acquitter la parole
qu'il donna en montant au ciel, de
demeurer avec nous jusqu'à la consom-
mation du siècle. J'étais ainsi dans un
lieu d'horreur et dans un désert affreux, d'où il me fit passer dans le
royaume de la sainte dilection de Jésus-
Christ, son Fils. Il essuya toutes mes
larmes, brisa mes chaînes, et me déli-
vra du rude esclavage où je gémissais.
Il me donna sa vertu, qui me fortifia
dans l'homme intérieur par son Saint-
Esprit. Qu'il en soit éternellement béni
et glorifié ! »

Tout ce discours est de lui. En voici
la suite, telle que je l'apprends par ce
même écrit.

Etant souvent incommodé, il prit

confiance en un des Pères du collége, qui le visitait avec plus de charité, et qui le consolait par de bons entretiens : c'était le P. Simon de Lessau, homme fort intérieur et fort ami à Dieu, qui étant prévôt de la cathédrale d'Amiens, et très-considéré dans la ville pour sa capacité et pour sa vertu, avait sacrifié généreusement à Dieu dans la religion tous les avantages que le monde lui offrait, pour se donner plus parfaitement à lui. Le P. Crasset s'ouvrit à ce Père sur les peines qu'il avait dans l'oraison. Comme il était fort éclairé, il connut les desseins du Ciel sur cette âme, et lui dit, comme un homme inspiré, qu'il ne fallait point tant d'effort avec Dieu, qu'il n'avait qu'à se jeter entre ses bras, et à lui présenter son esprit et son cœur *comme une carte blanche;* ce furent ses termes, en le priant d'y écrire lui-même avec sa divine main tout ce qui lui plairait.

Il n'en fallut pas davantage. Cette parole frappa vivement le P. Crasset, et lui inspira un ardent désir d'avance dans l'oraison, et de s'y reposer dans Dieu, comme *la lassitude,* dit-il, *donne à un voyageur fatigué d'un long chemin une envie de dormir extraordinaire.* Et parce qu'il était déjà parfaitement bien disposé aux divines opérations de la grâce, par la pratique des vertus religieuses, et par la fidélité à suivre l'attrait de Dieu dans les voies rigoureuses de la mortification, et de l'anéantissement où il l'avait tenu jusqu'alors, dès le lendemain qu'il commença cette nouvelle pratique, il mérita d'être élevé en fort peu de temps jusqu'au degré le plus sublime de l'union avec Dieu, de la manière dont il le raconte fort au long, et que je rapporterais avec plaisir, si je ne m'étais borné à ne faire ici qu'un abrégé.

Ce fut environ en ce temps-là qu'il commença à signaler sa foi et son courage. dans diverses occasions que Dieu lui présenta pour le service de son Église. Il en soutint les intérêts à Amiens dans une fameuse assemblée de savants, où il fit remporter aux vérités catholiques une victoire complète, faisant dès-là paraître les premiers feux de ce beau zèle qui éclata depuis dans ses discours et dans ses écrits. J'ai trouvé parmi ses papiers son premier ouvrage, qui n'a jamais vu le jour : c'est un fort gros écrit intitulé : *Réponse à une lettre de M. A. sur le sujet de l'apostasie du si... Labadie,* au haut duquel il a mis de sa main : *Hæc composui juvenis Ambiani in impetu spiritus provocatus ad respondendum, an.* 1649.

J'ai de plus, tout prêt à être imprimé, un bel ouvrage contre les protestants, composé pour l'instruction des nouveaux convertis, en neuf ou dix dialogues, où il traite tous les principaux points de controverse d'une manière très-solide et très-insinuante, et qui n'est pas moins propre à leur toucher le cœur qu'à leur éclairer l'esprit.

Enfin, j'ai ce qu'il écrivit aussitôt qu'il eut vu paraître un livret intitulé les *Avis salutaires,* qui firent de fort grands désordres l'an 1674, et dont

nous parlerons plus amplement en
traitant de sa dévotion à la Sainte-
Vierge.

Depuis que les supérieurs eurent
connu son talent, on l'appliqua à la
prédication, où Dieu lui a donné de
grandes bénédictions. Il était laborieux
au delà de ce que l'on peut s'imaginer. Il possédait parfaitement la sainte
Écriture ; il avait lu les Pères avec un
très-grand soin ; il comprenait sans
peine ; il composait avec facilité ; il
disait avec beaucoup de vivacité et de
véhémence ; et la communication continuelle qu'il avait avec Dieu par l'oraison, donnait à ses discours une force
que l'on ne trouve que dans les prédicateurs qui ne cherchent autre chose
que la gloire de leur Maître et le salut
de leurs frères. Il était solide et tou-
chant, et toujours si plein de Dieu qu'il
persuadait aisément les vérités dont on
le voyait lui-même pénétré.

Ainsi on peut dire qu'il fut un prédicateur vraiment apostolique, non pas
dans le sens qu'on donne à ce mot

quand on veut faire valoir le talent de
ceux qui n'apportent à la chaire que la
liberté de dire sans préparation tout ce
qui leur vient en pensée ; mais il était
apostolique dans le choix qu'il faisait
de ses matières, dans la manière de les
traiter pleine de lumière et de sagesse,
de piété et d'onction, dans la droiture
de ses intentions, dans l'autorité que lui
donnait la sainteté de sa vie ; et dans la
persuasion que l'on avait en l'enten-
dant prêcher qu'il en faisait lui-même
beaucoup plus que l'on ne lui en enten-
dait dire.

Il ne faut pas s'étonner, après cela,
s'il a prêché avec succès dans les meil-
leures villes de France, et occupé durant plusieurs années les plus belles
chaires de Paris, jusqu'à ce qu'on
l'obligea de changer de travail, et de
prendre la direction de la Congrégation
de la sainte Vierge, érigée dans la maison professe de Paris, où il a passé le
reste de sa vie dans un exercice continuel de zèle, et des autres vertus propres
de ce saint emploi, dont il a laissé

d'admirables exemples, qu'il ne sera
pas aisé d'imiter à ses successeurs.

L'attention continuelle qu'il avait
sur tout ce qui se passait dans son cœur,
lui fit bientôt remarquer que l'attachement qu'il prit pour ce nouvel emploi,
et l'envie de le remplir dignement, lui
donnaient de certaines inquiétudes, qui,
toutes raisonnables qu'elles parussent,
avaient quelque chose de trop empressé : il craignait que ses fréquentes infirmités ne l'obligeassent souvent à
manquer à la Congrégation, et qu'elles
ne l'empêchassent de visiter ces Messieurs, et de leur rendre les assiduités
nécessaires, particulièrement durant le
temps de leur maladie, ce qui fait l'un
des plus essentiels devoirs de la charge :
appréhension qui s'augmenta beaucoup
depuis un ulcère qui s'ouvrit à sa
jambe droite, et qu'il porta jusqu'à la
mort; et depuis qu'ayant perdu toutes
les dents, il crut qu'il ne pourrait plus
parler en public, ni se faire entendre.
Il n'appréhenda pas moins les vues que
les supérieurs pourraient avoir sur lui

pour d'autres emplois incompatibles avec celui qu'on lui avait donné, et qu'il aimait chèrement. Il avoue que tout cela le troubla, jusqu'à lui ôter quelquefois sa tranquillité ordinaire, et à devenir à son égard une véritable tentation. Il la combattit assez longtemps par une généreuse confiance en Dieu, qu'il sollicitait par de très-ardentes prières de ne pas souffrir qu'il devînt inutile pour un emploi qu'il tenait uniquement de sa divine main : et il en fut enfin entièrement délivré par la bonté de Dieu, qui jamais ne fit paraître plus sensiblement le plaisir qu'il prend à faire la volonté de ceux qui le craignent. Car il exauça le P. Crasset dans tous les points, et lui accorda agréablement tout ce qu'il souhaitait. Les mesures que l'on prit deux ou trois fois pour le faire changer d'emploi, n'eurent point de suite. L'ulcère dont nous avons parlé servit à lui prolonger la vie. Enfin, Dieu lui ménagea tellement toute ses maladies et ses autres infirmités, que jamais elles ne lui ont fait perdre un seul jour de congrégation pendant plus de vingt-deux ans, ce qu'il a marqué expressément parmi les faveurs particulières dont il se reconnaît redevable à la sainte Vierge.

Il avait toujours demandé à Dieu trois grâces en ce monde : la première, de ne point mourir inutile, du nombre de ces vieillards infirmes et abattus, qui, durant leurs dernières années, incapables de l'étude et du travail, ne savent plus à quoi s'occuper; la seconde, de ne point mourir d'une mort violente, où la grandeur des douleurs que l'on ressent ôte l'application d'esprit nécessaire pour ménager ces derniers moments, et pour se tenir uni à Dieu ; la troisième, de conserver, jusqu'au dernier soupir, la présence d'esprit, afin de profiter de tous les secours que l'Église nous donne. et d'expirer dans l'exercice du saint amour.

Rien n'a été plus visible que la bonté avec laquelle Dieu lui a accordé ces trois demandes. Il est mort au fort de son travail, gouvernant avec autant d'application que jamais sa Congrégation, composant, prêchant, catéchisant, confessant, dirigeant avec le même zèle et la même bénédiction que Dieu lui a toujour donnée dans les emplois. Il est mort d'une maladie telle qu'il la souhaitait, assez douloureuse pour exercer sa patience, mais non pas assez violente pour la lui faire perdre, ni pour lui ôter l'application continuelle qu'il avait à Dieu. Enfin il est mort avec une présence d'esprit si pleine, et un jugement si sain et si entier, qu'après même qu'il eut perdu la parole, il donna jusqu'au dernier soupir des marques très-assurées qu'il expirait, comme parle l'Écriture, dans les doux embrassements de son divin Sauveur, avec une paix et une tranquillité qui a été la récompense de la guerre continuelle qu'il s'est faite à lui-même durant toute sa vie. Je dis continuelle, et sans interruption, puisque sa mortification a été si constante, que l'on a sujet de croire, que c'est cette dureté impitoyable pour lui-même qui a avancé sa mort.

Car enfin il n'est que trop probable que son âge, ses infirmités, l'incommodité de la chambre qu'il avait choisie, où le froid était excessif; la résolution de n'y jamais faire de feu, quoique les supérieurs le lui eussent permis ; l'attache à l'oraison et à l'étude, où il s'employait depuis les trois heures du matin jusqu'au soir, sans se donner presque de relâche, l'ont effectivement conduit au tombeau. D'autant plus que dans ces dispositions de corps et d'esprit, ayant voulu, la nuit de Noël, dire ses trois messes dans la chapelle de la Congrégation, il y fut saisi de froid et y contracta un rhume, qui se changea ensuite en fluxion sur la poitrine, accompagnée d'une grosse fièvre, causée par la fatigue du confessionnal, où il demeura très-longtemps la veille, le jour et le lendemain de la fête, malgré la rigueur de la saison et les premiers sentiments de son mal. Il le cacha même jusqu'au jour des Innocents après dîner, qu'on l'obligea d'entrer dans l'infirmerie. Encore ne voulut-il y entrer que sur l'ordre exprès du médecin, pour avoir le mérite de l'obéissance que nos règles nous prescrivent à son égard, lorsque nous sommes malades.

Les huit derniers jours de sa vie furent pour lui un exercice continuel de patience, et pour nous une instruction merveilleuse, par les exemples qu'il nous donna de toutes les vertus qui doivent accompagner la mort d'un saint religieux. Je m'attachai particulièrement à étudier toutes ses actions et ses paroles, et je fus assez heureux pour mériter sa confiance; de sorte que je pus connaître une partie de ce que Dieu opérait dans son âme durant ces derniers moments.

Quoiqu'il ne crût pas d'abord sa maladie mortelle, il ne laissa pas de commencer à se préparer à mourir, comme s'il en eût eu une parfaite assurance. En effet, depuis ce moment il se mit à pratiquer avec une merveilleuse exactitude tout ce qu'il en a écrit dans son livre de la Bonne Mort, qu'il savait presque par cœur, et dont il se faisait lire les endroits différents qui avaient rapport au temps et à l'état où il se sentait.

Il commença par demander les sacrements dès le troisième jour. Il reçut le saint Viatique avec une piété très-édifiante. Il se disposa ensuite à l'Extrême-Onction, et passa le reste du temps à donner mille petits ordres pour sa chère Congrégation, et pour les ouvrages qui lui restaient à imprimer, qui furent les deux seules choses qui l'occupèrent pendant les moments qu'il était obligé de se relâcher de la contention d'esprit continuelle où il se tenait pour être toujours uni à Dieu.

J'avoue que j'avais peine à comprendre qu'un homme affaibli comme il était par les remèdes, autant que par le mal, par la diète, par l'insomnie, par l'ardeur de sa fièvre, par la violence de sa fluxion, se pût tenir dans le merveilleux recueillement où je le voyais, avec une présence d'esprit attentive aux moindres choses. Je croyais qu'il avait besoin d'être soulagé en lui suggérant de temps en temps quelque bon sentiment : mais je le trouvais toujours occupé de Dieu, et il me faisait entendre en me remerciant, que ces petits discours ne faisaient que troubler, par la multiplicité des pensées, celles dont Dieu remplissait son esprit et son cœur.

Il est vrai que sur la fin il s'aperçut qu'il n'avait plus la tête assez forte pour cette application continuelle ; mais alors même son imagination ne présentait à sa raison affaiblie, que des images saintes et consolantes. Je sens bien, me disait-il, que mon esprit s'égare, mais je suis consolé de ce que tout ce qui se présente à moi, me porte à Dieu ; car je ne vois que de beaux palais, que des églises magnifiquement parées, que des trônes et des couronnes qui me réjouissent, et qui me représentent le Paradis.

C'était dans ces petites absences de raison, qu'il lui venait des pensées qu'il ne mourrait point, et que Dieu lui donnerait le temps d'achever au moins les ouvrages de piété qu'il avait commencés. Effet innocent des sentiments de la nature, qui n'étaient pas même sans quel-

que impression de la grâce, puisqu'il y
mêlait toujours quelques vues de Dieu.
Mais aussitôt qu'il était revenu à lui, il
rentrait dans les premières dispositions,
et me remerciait de ce que, sans le flatter, je lui disais le véritable état où il se
trouvait.

Ainsi m'ayant dit une fois qu'il ne
croyait point être si près de la mort, à
cause qu'il jouissait d'une très-grande
paix et d'un très-parfait repos de conscience ; et que néanmoins les saints
Pères disent communément que sur la
fin de la vie, le démon, qui sait le peu de
temps qui lui reste, redouble ses tentations et ses efforts, afin de troubler et
d'inquiéter le malade ; je lui répondis
qu'il devait remercier Dieu de cette
paix, qui était l'effet, non pas d'une
mort éloignée, mais d'une protection
spéciale, dont il était obligé à la bonté
infinie de Jésus-Christ, et à l'intercession de sa sainte Mère, qui lui donnait
par là le moyen de faire une douce et
sainte mort. Il acquiesça doucement,
et me dit que cela ne l'empêchait pas de

faire tout ce qu'il fallait pour se bien disposer à ce dernier passage.

Pour moi, faisant depuis réflexion sur cette profonde paix que Dieu lui conserva jusqu'au dernier soupir, j'ai cru que c'était non-seulement la récompense du parfait attachement qu'il avait eu au service de la très-sainte Vierge, qui préside à la mort de ses fidèles serviteurs; mais encore de la dévotion particulière qu'il avait à saint Michel, que l'Église nous assure être destiné de Dieu, pour nous défendre dans ces derniers combats contre les attaques du démon.

Peut-être aussi que cette douce tranquillité était le fruit de la charité généreuse qu'il avait pour ses ennemis, car je sais qu'il a dit confidemment à une personne pour qui il avait beaucoup de considération, que rien ne le consolait tant, aux approches de la mort, que de se souvenir qu'il n'avait passé aucun jour sans prier, particulièrement à la messe, pour ceux qui lui avaient fait quelque déplaisir, et qui avaient fait paraître du mépris pour sa personne, ou pour ses ouvrages, espérant que Jésus-Christ son juge lui ferait la même miséricorde qu'il faisait à ses frères, pour obéir, malgré toutes les répugnances de la nature, aux ordres que ce divin Sauveur nous en a laissés.

Une autre fois, me disant qu'il croyait qu'il ne mourrait que le jour de sainte Geneviève, parce que c'était le jour de sa naissance, et qu'il aurait la consolation de dire comme Jésus-Christ : *Exivi a Patre et veni in mundum, iterum relinquo mundum et vado ad Patrem ;* je lui dis, parce qu'il était très-mal, qu'il comptât au moins que la fête commençait dès les premières vêpres, et le jour dès le minuit. J'entends bien, me dit-il : vous m'avertissez que je suis bien plus près de ma fin que je ne pense ; je vous en suis obligé.

Je voulus le veiller avec son infirmier cette même nuit, qu'on croyait devoir être la dernière. En effet, il souffrit extraordinairement, jusque là que nous dîmes deux fois les prières des agonisants, et que je lui donnai la dernière absolution ; mais il souffrait avec une patience charmante, s'écriant de temps en temps : O mon Dieu, souffrir encore deux ou trois heures, et puis ne plus jamais souffrir, quelle consolation ! quelle joie !

Je lui dis, pour lui donner du courage dans certains accès plus violents de sa douleur, qu'il devait songer que ses souffrances lui servaient à satisfaire pour ses péchés, et à augmenter son mérite. Ah ! mon cher Père, me répliquat-il, ne me parlez ni de satisfaction ni de mérite. Je fais de moi-même un sacrifice à Dieu ; j'en suis la victime. Il peut faire de moi tout ce qu'il lui plaira ; je ne lui demande ni qu'il m'épargne, ni qu'il me récompense. Je m'en remets uniquement à lui. Qu'il me punisse autant qu'il voudra ; ce sera toujours moins que je ne le mérite. Qu'il me récompense comme il lui plaira ; ce sera toujours trop, vu le peu que j'ai fait pour lui. Je suis tout à lui et tout pour lui ; je ne veux que ce qu'il veut, et rien plus.

C'est dans cet heureux état de victime sacrifiée pour la gloire de son Dieu, qu'il se conserva jusqu'au dernier moment de sa vie, lorsque plein d'une sainte confiance qui avait toujours été sa vertu *favorite*, car c'est ainsi qu'il s'en exprima à moi, il consomma enfin son holocauste, et rendit doucement son esprit à Dieu sur les six heures du soir, le vendredi quatrième de janvier 1692, commençant la soixante-quinzième année de son âge. Il en avait passé cinquante-quatre dans la Compagnie, et vingt-trois dans l'emploi de directeur de la Congrégration, dont les principaux officiers étaient venus avec beaucoup de piété recevoir la bénédiction de leur bon Père, qui l'accorda à leurs instantes prières avec une humilité et une tendresse dont ils parurent sensiblement touchés.

Ils l'honorèrent après sa mort d'une façon qui marquait la haute idée qu'ils avaient de sa vertu. Plusieurs demandèrent instamment qu'on leur donnât quelque chose qui eût été à lui. Ils voulurent pour leur consolation faire tirer son portrait, qu'ils conservent chèrement. Ils voulurent, de plus, honorer ses obsèques de leur présence, et mêler leurs larmes et leurs prières avec les nôtres, pour lui rendre ce dernier témoignage de l'amitié qu'ils avaient pour lui, et de l'estime qu'ils faisaient de son mérite. On fut obligé pour les satisfaire de permettre qu'ils tirassent plusieurs copies de la lettre circulaire que le révérend Père supérieur écrivit, selon la coutume, pour donner aux maisons de la province l'avis de sa mort; et dès lors l'on me pria de vouloir me charger de faire un abrégé de sa vie et de sa mort.

Une si belle fin ne fut que l'écho d'une très-sainte vie, passée dans l'exercice des plus héroïques vertus. L'amour qu'il eut pour Jésus-Christ; la dévotion tendre envers la sainte Vierge; l'union parfaite avec Dieu dans l'oraison; le zèle ardent du salut du prochain; la mortification généreuse de l'esprit et du corps, qui font son parfait caractère, lui ont sans doute mérité une si heureuse mort. C'est pourquoi j'ai cru que l'on serait fort édifié d'en apprendre quelque chose un peu plus en détail.

L'union qu'il avait avec Dieu était l'âme de tous ses emplois et son unique consolation, en quelque état qu'il plût à la Providence de le mettre pour éprouver sa vertu. Durant les premières années, Dieu le laissa, comme nous avons dit, dans les voies ordinaires de l'oraison que l'on appelle méditation, parce que l'esprit y agit aussi bien que le cœur : mais dans la suite, sa fidélité merveilleuse mérita d'être récompensée par le doux repos d'une contemplation simple et tranquille, qui jusqu'alors lui avait été inconnu ; et même, comme il l'avoue, incompréhensible. C'est pourquoi appréhendant extrêmement de tomber dans quelque illusion, il marquait trèssoigneusement toutes les démarches que la grâce lui faisait faire dans ce nouveau chemin. Ces remarques me sont heureusement tombées entre les mains, où je trouve la manière dont Dieu se communiquait à lui, en remplissant toute la capacité de son âme, exprimée d'une manière si sublime et tout ensemble si intelligible, qu'il est aisé de juger que des lumières si pures ne pouvaient venir que du Ciel et du Père de toutes les lumières. Aussi a-t-il été merveilleusement soigneux que rien ne lui dérobât jamais le temps précieux de l'oraison, se disant souvent à soi-même, comme je le trouve dans ses papiers, que si jamais le bien dérobé n'a profité à personne, l'on ne doit pas croire que le temps que l'on dérobe à Dieu en quittant les exercices spirituels, ni pour l'étude ni pour quelque autre affaire que ce soit, puisse jamais nous être d'aucun profit.

Il s'était disposé à cet heureux état d'union avec Dieu dans l'oraison par la mortification continuelle de ses sens, où il se rendit si parfait, que ceux qui ont vécu le plus longtemps avec lui ont témoigné que jamais ils n'ont remarqué qu'il se soit accordé le moindre divertissement de ceux que son état même lui aurait pu permettre, et qu'il ne s'est servi d'aucun des soulagements que la charité des supérieurs lui voulait accorder dans un âge qui lui rendait ses infirmités encore plus difficiles à supporter. Ce fut l'effet d'une résolution qu'il forma dès les premières années de religion; à quoi on reconnaît qu'il a toujours été constant, de ne rien rechercher jamais qui lui pût donner quelque plaisir. Il m'arriva de lui en faire un reproche amiable les premiers jours de sa maladie, en lui disant que sa trop grande rigueur l'avait réduit dans l'état où il était, faute d'avoir voulu se servir des petits secours qu'on lui avait offerts. Mais il me répondit : Eh! quoi, cher Père, ne faut-il jamais se faire malade pour mieux servir Dieu? et croyez-vous qu'il soit permis à un religieux de manquer à se mortifier, pour en vivre un peu plus longtemps ou un plus à son aise? Paroles qui partaient d'un cœur pénétré de la sainte haine de soi-même, qui fait le caractère d'un parfait religieux.

Ces sentiments si généreux ne lui

étaient pas nouveaux, ni inspirés par la présence de la mort, puisque je trouve parmi ses papiers une espèce de délibération qu'il crut devoir présenter à ses supérieurs, l'an 1662, où il leur exposait toutes les raisons qui lui faisaient prendre la résolution de ne plus consulter les médecins dans ses incommodités, qui étaient alors très-fréquentes, et de ne se servir d'aucun autre remède que d'un grand courage et d'une longue patience. Ce qu'il pratiqua depuis si fidèlement, qu'il ne se disait jamais malade que lorsqu'une grosse fièvre l'obligeait de se déclarer. De sorte qu'étant dans des infirmités presque continuelles, il savait si bien les cacher, qu'il passait dans la maison pour un homme d'une fort grosse santé.

Quoique nous ne sachions pas le détail des austérités et des macérations qu'il pratiquait, les instruments de pénitence que l'on a trouvés après sa mort font assez voir qu'il traitait sa chair avec une rigueur impitoyable. Ni l'âge qui l'avait rendu extrêmement sensible au froid, ni l'ulcère qu'il a porté jusqu'à la mort, n'ont jamais pu l'obliger à se servir de la permission qu'on lui avait donnée de faire du feu dans la chambre, au moins le matin et le soir, pour panser sa jambe. On le voyait pendant les rigueurs extrêmes de l'hiver, après avoir passé à l'oraison et à l'étude les cinq premières heures du matin, sortir tout transi de sa chambre, pour aller chercher à l'autre bout de la maison le feu commun, devant que de dire la messe, ayant peine à se soutenir, sans qu'il lui échappât jamais la moindre parole d'impatience.

L'on ne doit pas après cela s'étonner de l'admirable patience qu'il a fait paraître dans les plus grandes douleurs de sa dernière maladie, pendant que la nature avait encore assez de force pour combattre la violence, ou, comme il disait, les assauts furieux de son mal.

Je le plaignais quelquefois de la situation incommode où son oppression l'obligeait de demeurer, et il me disait doucement : Pourquoi me plaignez-vous?

Faut-il pas mourir sur la croix, pour mourir comme Jésus-Christ? Je lui dis une fois que plusieurs personnes demandaient sa santé à Dieu, et faisaient de grandes prières pour cela. Eh quoi, me dit-il, peut-on demander ou la vie ou la santé pour un religieux! *Mihi vivere Christus est, et mori lucrum.* Il ne lui est pas échappé la moindre plainte durant toute sa maladie. Il prenait avec une douceur charmante tout ce qu'on lui avait ordonné, surmontant généreusement toutes ses répugnances; témoin ce qu'il me dit à l'occasion d'une saignée, qu'il voyait bien que cela ne ferait que lui ôter les forces, mais qu'il fallait plutôt perdre la vie que de perdre l'obéissance.

Il faudrait avoir son cœur pour pouvoir exprimer les tendresses qu'il avait pour la sacrée humanité du Sauveur. Il passait devant le saint Sacrement la meilleure partie de ses récréations, il le visitait plusieurs fois pendant la journée; et le profond recueillement où il paraissait alors, aussi bien qu'en disant la sainte messe, inspirait de la dévotion.

Il se préparait à ce divin sacrement par une pureté de cœur merveilleuse; aussi il se confessait au moins de deux jours en deux jours : et quand il n'en avait pu trouver la commodité, il se plaignait doucement qu'on lui avait fait perdre la grâce du sacrement, qu'il comptait comme un avantage très-considérable pour ceux qui se confessent fréquemment afin d'approcher plus dignement de l'autel.

Il regardait cet aimable Sauveur plus spécialement dans la personne des pauvres, et cette vue l'attacha de tout temps aux hôpitaux pour y instruire et pour y consoler les malades. Il le fit dans toutes les villes où il prêcha; et depuis qu'il se vit fixé à Paris, il commença à l'Hôtel-Dieu le catéchisme que l'on fait aux pauvres tous les vendredis, qui est suivi d'une exhortation pour les dames qui ont la dévotion de s'y trouver, et qui se répandent ensuite avec édification dans toutes les salles, afin d'y servir et d'y consoler les malades. Le nombre, la qualité, la ferveur de celles qui s'y rencontrent, fait renaître heureusement les temps où l'on voyait les princes et les princesses abattre aux pieds des pauvres de Jésus-Christ la grandeur de leur naissance et de leur rang, dignes héritiers de la piété de saint Louis, aussi bien que de son sang.

L'ardeur de son amour pour son Rédempteur lui inspirait ce zèle ingénieux à trouver mille inventions de gagner les âmes, dont le salut était l'unique objet de ses pensées et le seul but de ses travaux. Pour cela il composait tous les jours quelques nouveaux livres de piété, auxquels il semble que Dieu avait attaché une onction particulière : il prêchait avec un feu qui ne pouvait partir que d'un cœur tout enflammé ; et souvent voyant dans son auditoire certaines personnes dont il connaissait les besoins, il changeait sur-le-champ le dessein de son discours, avouant que Dieu, qui le faisait alors parler, lui faisait aussi la grâce de toucher leurs cœurs et d'y produire des changements qu'il n'aurait osé espérer. Il s'appliquait à la direction des âmes, avec un soin et un succès qui répondait à ses désirs. Il confessait une troupe de personnes choisies que Dieu lui avait adressées, et dont il en a élevé plusieurs à une haute perfection ; il en conduisait d'autres dans de différentes maisons religieuses, qui par ses conseils et par ses lumières sont arrivées à une éminente sainteté.

Il inspira à une dame d'un mérite et d'une piété distinguée (1) le dessein et

(1) Mme de Tanqueux. Cette communauté fut établie à la Ferté-sous-Jouarre, diocèse de Meaux, sous le nom de *Filles charitables de Sainte-Anne*. Dominique de Ligny, évêque de Meaux, approuva leurs règles ; Bossuet, son successeur immédiat, prit un soin particulier des *Filles charitables*. Il revit leurs règles et constitutions ; leur donna pour supérieure Mme Marie de Beauvau, lorsque, pour des raisons de santé ou d'affaires, leur première mère et fondatrice, Mme de Tanqueux, désira, en 1691, se décharger de la supériorité. Plus tard, en 1693, l'évêque de Meaux réunit cette communauté à la congrégation dirigée par Mme de Miramion, sous le nom de *Filles de Sainte-Geneviève*. Dans la collection des lettres de Bossuet il s'en trouva un très-grand nombre adressées à la supérieure ou à des

le courage de commencer une communauté de filles à la Ferté-sous-Jouarre,
qui s'appliquassent à l'instruction de la
jeunesse dans un lieu, où par l'ignorance et par la complaisance des habi-
tants pour leur seigneur, l'hérésie était
presque devenue la religion dominante.
Le succès en a été fort heureux ; car ces
bonnes filles, par leurs bons exemples
et par leur sainte conversation, ont fait
en peu de temps changer de face tout
le pays. C'est le P. Crasset qui les fit
subsister dans les commencements, qui
leur procura des aumônes, qui leur
trouva des sujets, et qui les instruisit
avec un soin et une application merveilleuse, tant de vive voix que par ses
lettres, dont on conserve bon nombre
dans cette maison, pleine de l'onction
du divin Esprit, qui parlait par sa
bouche.

sœurs de la communauté des *Filles charitables de
la Ferté*. La sœur Cornuau de Saint-Bénigne a ha-
bité la communauté de Sainte-Anne depuis l'année
1681 jusqu'en 1694, et c'est dans cette maison
qu'elle a reçu la plupart de ces admirables lettres
que lui écrivit le grand évêque de Meaux.

J'ai vu quelques-unes de ces filles qui m'ont dit que dans les peines que leur donnait au commencement un emploi si difficile et si rebutant, lorsqu'elles étaient le plus abattues et découragées, c'était assez d'avoir parlé au P. Crasset, ou d'avoir reçu une de ses lettres, pour oublier tous leurs chagrins, tant ses paroles avaient de force pour leur rendre le courage, et pour les animer d'une ferveur toute nouvelle.

Il portait une sainte envie à ceux qui s'employaient aux missions, non-seulement dans les pays étrangers, et parmi les infidèles, mais encore à celles que l'on fait dans les villes et dans les villages, pour y entretenir la piété, et pour en chasser l'ignorance et le vice. Il les regardait comme de véritables apôtres, et rien ne lui était si sensible, que de voir qu'étant engagé spécialement à cette fonction apostolique par le vœu exprès qu'il en avait fait à sa dernière profession, il s'en voyait cependant éloigné, et par ses infirmités habituelles, et par l'attachement que lui donnait son emploi. Cela paraît assez par l'ardeur avec laquelle il entreprit d'écrire l'histoire des martyrs du Japon, qui a été reçue avec beaucoup d'approbation, et qui fut une véritable production de son zèle : zèle qui le porta encore à embrasser une autre occupation qui n'est pas moins utile au salut des âmes que les missions. Je parle des retraites spirituelles pour lesquelles il fit bâtir un corps de logis dans une conjoncture de temps et d'affaires, où cet établissement peut passer pour miraculeux dans toutes ses circonstances, selon que lui-même les a rapportées.

Ces aimables soins de la Providence sur les choses qui le regardaient ou qu'il entreprenait, était pour lui des grâces fort ordinaires. Il reconnut un peu devant sa mort, que depuis son enfance Dieu l'avait conduit par des voies admirables; de sorte que les accidents même qui lui étaient arrivés, et certains petits malheurs inévitables dans la voie, avaient toujours tourné heureusement pour son plus grand bien. Il en attribue la cause à la parfaite soumission qu'il avait toujours tàché d'avoir aux ordres de Dieu, s'abandonnant absolument à sa sainte volonté, sans avoir jamais voulu ni demander ni procurer aucun emploi, non pas même aucune chaire, à Paris ni ailleurs, pendant qu'il a été prédicateur. Il en recevait à l'heure de la mort une consolation sensible, comme il le témoigna aux supérieurs, ne pouvant se lasser de louer la bonté infinie de Dieu, qui l'avait conduit comme par la main jusqu'au plus beau de tous les emplois, et le plus selon l'inclination de son zèle. C'est ainsi qu'il s'en expliqua jusqu'au dernier jour, particulièrement lorsque m'étant trouvé seul auprès de lui, je voulus ménager ces moments pour l'obliger à me donner sa bénédiction; car il me parla de l'emploi où j'allais entrer, et des bénédictions qui y étaient attachées, avec des termes si touchants, que j'en fus attendri jusqu'aux larmes.

Cette parfaite indifférence naissait

d'une grâce particulière que Dieu lui fit durant sa troisième année de noviciat, l'an 1652. Il faisait la retraite de trente jours selon notre coutume. Dieu permit qu'il y fut agité d'une tentation violente de pusillanimité et de défiance, dont il était assez souvent attaqué, à cause du peu d'estime qu'il avait de soi-même et de ses talents. Mais en même temps Dieu lui fit entendre, durant son oraison, une voix très-distincte qui lui dit : *C'est moi par qui, et pour qui, et en qui vous subsistez.* La joie et la force extraordinaire dont il sentit son cœur rempli en cet instant, lui furent une assurance que c'était une vraie faveur du Ciel, et non pas une simple imagination.

Il semble que l'impression lui en demeura le reste de sa vie, car je trouve, dans presque toutes ses retraites, que rien ne l'animait et ne lui donnait tant de courage, que de songer que c'était Dieu qui agissait par lui, qui parlait et qui priait dans lui, et qui souffrait avec lui, ce qu'il prétendait nous être divinement marqué dans ces paroles : *In ipso enim vivimus, et movemur, et sumus,* sur lesquelles Dieu lui communiqua, un jour de Saint-Ignace, des lumières fort particulières, qu'il médita et qu'il goûta depuis avec beaucoup de consolation et de fruit.

Sa dévotion envers la sainte Vierge fut admirable. Ses livres, ses entretiens, ses sermons, l'inspiraient à tous ceux avec qui il traitait; et si son humilité ne nous avait point dérobé la connaissance des devoirs de piété qu'il lui rendait, nous saurions une infinité de pratiques de dévotion dont il se servait pour s'entretenir dans l'amour de sa *bonne Mère,* car c'est ainsi qu'il l'appelait ordinairement, et pour lui gagner des serviteurs. L'on a remarqué que lorsqu'il prêchait le jour de ses fêtes, ou qu'il prenait occasion de parler de la dévotion que l'on devait avoir pour elle, son zèle et son amour le rendaient éloquent, et il semblait se surmonter lui-même. Je sais qu'il jeûnait les samedis; qu'il prévenait les jours de ses fêtes par des pénitences et par d'autres exercices de piété; qu'il en apprenait quantité à ceux qu'il conduisait, afin de les affectionner à son service; qu'il soutenait sa gloire avec chaleur, et que par là il s'est attiré la haine des hérétiques et des novateurs, dont les injures et les mépris me paraissent plus honorables à sa mémoire, que tous les éloges que je pourrais lui donner.

J'ai déjà parlé de l'application merveilleuse avec laquelle il a gouverné la Congrégation des Messieurs qu'on lui avait confiée : combien il se tenait honoré de cet emploi, et combien de bénédictions le Ciel a versées sur lui pendant qu'il a tenu cette place! Aussi peut-on dire avec vérité que sa capacité et sa vertu ont attiré à cette assemblée une infinité de bons sujets, qui en font aujourd'hui l'honneur et la gloire.

La reconnaissance qu'il avait des faveurs reçues par l'intercession de la Reine du ciel l'entretenait dans de tendres sentiments de respect et d'affection pour elle. Il se souvenait de la guérison

miraculeuse qu'il en avait obtenue, et
de plusieurs autres grâces singulières.
Il était même accoutumé à ne rien faire
pour la gloire de sa sainte Maîtresse,
qu'il n'en fut aussitôt récompensé par
plusieurs marques signalées de son affection, dont j'ai trouvé heureusement
le détail dans ses papiers, et qui font
bien connaître que la main du Seigneur
n'est point raccourcie, et que Jésus et sa
sainte Mère ont encore aujourd'hui pour
leurs favoris les mêmes bontés et les
mêmes tendresses qu'ils ont eues les siècles passés, quand ils trouvent des âmes
aussi bien disposées, et des cœurs aussi
dociles, qu'ont été ceux d'une infinité
de saintes personnes de qui l'histoire de
l'Eglise nous conserve la mémoire, et
dont le Père Crasset suivait si fidèlement
les exemples.

Son zèle pour l'honneur de la Mère
de Dieu paraissait dans toutes les actions; de sorte qu'il ne faut pas s'étonner de la juste indignation où le mit
l'entreprise d'un étranger qui fit paraître un écrit intitulé : *Les Avis salutaires,*

dont on peut dire que jamais si petit livre ne fit de si grands mouvements parmi les hérétiques aussi bien que parmi les catholiques.

Il fut composé par un Allemand catholique à la vérité, mais entêté à outrance des nouvelles opinions qu'il avait apprises à Gand et à Louvain, où il était obligé de demeurer tous les ans quelque temps pour les affaires du prince qu'il servait. Là parmi les autres sentiments extraordinaires, on lui inspira le dessein du livre qu'il intitula, *Avis salutaire de la bienheureuse sainte Marie à ses dévots indiscrets*. On lui fit croire que cela servirait beaucoup à ramener plus aisément les hérétiques dans le sein de l'Église. Et comme pour cette fin il s'était efforcé d'y diminuer autant qu'il avait pu le culte que les catholiques rendent à la sainte Vierge, en blâmant même certaines dévotions extérieures que l'on pratique, sous prétexte de ne point éloigner les esprits prévenus contre l'Église romaine; par un effet tout contraire, il donna occasion

aux protestants de calomnier tout de
nouveau les catholiques, en disant faus-
sement qu'ils reconnaissaient enfin que
leur Église était tombée en mille erreurs
et mille superstitions, principalement
au sujet du culte qu'elle faisait rendre à
la Mère de Dieu et à ses images. Ainsi
ils furent les premiers à faire traduire
en diverses langues les *Avis salutaires*,
avec des notes très-injurieuses à la sainte
Vierge et à l'Église romaine.

Cette insolence alluma le zèle du Père
Crasset. Il crut qu'il ne fallait pas se
contenter de la condamnation qu'on fit
bientôt après de ce livret en Flandres,
en Espagne et à Rome : il composa
promptement un fort gros écrit pour le
réfuter article par article, tel que je
l'ai trouvé manuscrit parmi ses papiers :
mais comme il se préparait à le donner
au public, on lui fit comprendre qu'il
valait beaucoup mieux faire quelque
ouvrage, qui demeurât à jamais pour
établir la dévotion envers la sainte
Vierge, que de se contenter d'un simple
écrit dont la mémoire finirait avec la

querelle qui y avait donné occasion. Il fit donc son livre dont le titre fut : *La véritable dévotion envers la sainte Vierge établie et défendue*. Il parut l'an 1679, et bientôt après on en fit une seconde édition, qui sera un témoignage éternel du zèle qu'il avait pour la gloire et pour le service de cette Mère de bonté.

L'un des derniers effets de son zèle pour donner des serviteurs à la Reine du ciel, fut l'établissement de la Congrégation des laquais, qu'il avait si fort à cœur, qu'on lui entendit dire plus d'une fois qu'il mourrait content s'il pouvait un jour réussir dans ce dessein. Il voyait avec chagrin que pendant que les Messieurs étaient dans la chapelle occupés au service de la très-sainte Vierge, leurs laquais, qui remplissaient le degré et la cour, n'y faisaient que du bruit et du désordre. Il y avait longtemps qu'il cherchait un endroit pour les assembler durant ce temps-là, et pour leur y faire pratiquer à peu près les mêmes dévotions que leurs maîtres faisaient dans la chapelle. Enfin il vit naître le temps favorable par la nécessité où la maison se trouva de bâtir. Il ménagea un endroit commode dans le nouveau corps de logis, et engagea Messieurs de la Congrégation à y faire une chapelle pour leurs gens, et à leur fournir les meubles et les ornements nécessaires. De sorte qu'il eut la consolation d'y voir assembler tous les gens de livrée, pour y former une nouvelle Congrégation sous la protection de la Mère de Dieu, où l'on fait à peu près les mêmes exercices que dans la grande, avec une piété et une modestie que l'on n'aurait osé se promettre de cette sorte de personnes.

Pour moi qui, durant trois ans, ai servi en second dans cette nouvelle Congrégation, je puis dire que j'y ai trouvé quelques âmes choisies, tellement prévenues des bénédictions du Ciel, que je suis surpris, soit des bontés de Dieu à leur égard, soit de la fidélité avec laquelle ils y correspondent dans une condition aussi dangereuse et aussi décriée que celle-là. Au reste, je suis persuadé que si les maîtres savaient le bien que fait cette Congrégation et l'intérêt qu'ils y peuvent avoir, il n'est rien qu'ils ne fissent pour y engager leurs domestiques et ceux de tous leurs amis; car l'on y reçoit tous ceux qui se présentent, quoique leurs maîtres ne soient pas de la Congrégation, pour y être instruits des devoirs de leur état, d'une manière proportionnée à leur capacité, afin de satisfaire ainsi à l'obligation qu'ont les maîtres de prendre soin de leurs gens, de peur d'être du nombre de ceux dont saint Paul dit que si quelqu'un n'a pas soin des siens, particulièrement de ceux de sa maison, il renonce à la foi, et est pire qu'un infidèle.

Ce fut dans le cours de ces saintes occupations que la mort nous enleva cet ouvrier sans reproche, car personne ne mérite mieux ce beau titre que saint Paul donne à ceux qui travaillent au salut des âmes, *operarium inconfusibilem,* après avoir rempli dignement tous les devoirs d'un véritable religieux

de notre Compagnie, c'est-à-dire après
avoir toujours travaillé à sa propre
perfection avec une application continuelle, et avec un zèle singulier à celle
du prochain. Les fruits ont répondu à
ses travaux, car on a tout sujet de croire
qu'il s'est fait un saint, et l'on a la
consolation de voir qu'il a contribué à
en sanctifier plusieurs autres. Il continuera, comme nous espérons, par ses
livres, ce qu'il ne peut plus faire par
lui-même, puisque, par le beau témoignage de sa foi qu'il nous laisse dans
son dernier ouvrage, il nous donne une
douce espérance qu'il est dans l'heureuse compagnie des justes, et que c'est
Dieu qui permet pour notre salut qu'il
nous parle ainsi, même après sa mort.
*Fide.... per quam testimonium conse-
cutus est esse justus;.... et per illam
defunctus adhuc loquitur.*

Parmi les nombreux ouvrages de
piété que le zèle a inspirés au P. Cras-

set, nous avons choisi, pour l'offrir au lecteur catholique, ce traité court, mais substantiel et lumineux, connu sous le nom de *Considérations sur les principales actions du chrétien*.

Ces Considérations semblent avoir été destinées d'abord à compléter un autre ouvrage du P. Crasset, intitulé le *Chrétien en solitude*, qui parut en 1674 ; mais elles en furent bientôt détachées, et publiées séparément par l'auteur lui-même dès l'année 1675. Elles eurent une grande vogue et ont été souvent réimprimées et même traduites en plusieurs langues étrangères. Nous avons la ferme confiance que ce petit livre, maintenant difficile à trouver, et désiré par beaucoup de personnes pieuses, sera favorablement accueilli et continuera à produire les mêmes fruits de salut. C'est en effet un code abrégé de la morale évangélique, qui présente avec exactitude et netteté, avec onction, force et solidité, des règles sûres pour une vie chrétienne et parfaite.

Heureux, dirons-nous avec l'apôtre saint Jacques, heureux celui qui, non content d'écouter ou de lire, médite sérieusement et pratique avec fidélité et constance les enseignements de la loi parfaite, qui est la loi de liberté et d'amour! *Qui autem perspexerit in legem perfectam libertatis et permanserit in eâ, non auditor obliviosus factus, sed factor operis, hic beatus in facto suo erit.*

CONSIDÉRATIONS

SUR LES

PRINCIPALES ACTIONS

DU CHRÉTIEN.

PREMIÈRE CONSIDÉRATION.

DU RÈGLEMENT DE SES ACTIONS.

I. — Du bien qu'il y a de vivre d'ordre.

L'ordre et la vertu sont deux noms qui signi-
fient presque la même chose. L'ordre est une
conduite de vertu, et la vertu est une conduite
d'ordre. Quelque bien que vous fassiez, si vous
ne le faites dans l'ordre, vous ne le faites point
comme il faut. La raison veut quelquefois qu'on
quitte l'ordre qu'on s'est prescrit ; mais c'est
pour suivre un autre ordre plus parfait qui nous
est déclaré par la nécessité, par la charité, par
l'infirmité, ou par l'obéissance. L'humeur est la

1

conduite des bêtes ; la raison, de l'homme ; l'Évangile, du chrétien ; la règle, du religieux ; l'ordre, de tous les êtres. Quel parti prenez-vous?

C'est l'ordre qui fait le Paradis, et le désordre qui fait l'enfer. Si vous vivez dans l'ordre, vous serez heureux : si vous vivez dans le désordre, vous serez misérable. Qui peut vivre en paix faisant la guerre à Dieu? et qui lui fait la guerre, sinon celui qui trouble son ordre? Avez-vous été en repos tandis que vous avez été dans le désordre? Un soldat qui quitte son rang n'est-il pas aussitôt châtié de son capitaine? Tout ce qui trouble l'ordre, trouble la paix ; et celui qui n'est pas bien d'accord avec Dieu, ne s'accordera jamais avec soi-même. Recherchez la cause de vos troubles.

L'ordre met chaque chose en son lieu ; il prescrit à tous les êtres leur rang, leur office, leur emploi : et c'est ce qui les met en repos. Si vous gardez l'ordre, il vous gardera ; si vous troublez l'ordre, il vous troublera ; si vous détruisez l'ordre, il vous détruira.

Considérez l'univers, et vous verrez que c'est l'ordre qui fait la beauté, la perfection, la paix et la félicité de tous les êtres. Qu'est-ce qu'une armée sans ordre, sinon une confusion de victimes qu'on mène à la mort? Qu'est-ce qu'un royaume sans ordre, sinon une forêt de brigands, qui vivent de meurtres et de larcins? Qu'est-ce qu'une religion sans ordre, sinon un corps sans âme, dont toutes les parties se divisent et se détachent? Qu'est-ce qu'un homme sans ordre, sinon un chaos de passions, qui se font une guerre mortelle, et qui mettent tout en confusion?

Si l'Église est une armée, c'est l'ordre qui la range en bataille ; si l'Église est un vaisseau, c'est l'ordre qui en est le pilote, et qui le conduit ; si l'Église est un corps, c'est l'ordre qui le fait vivre ; si l'Église est un État, c'est l'ordre qui le gouverne. Dites le même de la religion.

L'ordre, pour ainsi parler, est le créateur du monde, il en est le conservateur et le réparateur. C'est de l'ordre que nous procédons, c'est par l'ordre que nous subsistons, c'est dans l'ordre que nous vivons. Tout ce que Dieu fait, il le fait dans l'ordre, et tout ce qui se fait sans ordre n'est point de Dieu. L'ordre nous conduit à Dieu. On ne va point à un contraire par son contraire. Dieu est l'ordre par essence, jamais le désordre ne vous mènera à Dieu.

II. — Réflexion.

Êtes-vous dans l'ordre? Vivez-vous d'ordre?

Vos actions sont-elles réglées ? Faites-vous chaque chose en son temps ? N'agissez-vous point
par humeur et par caprice ? Votre volonté est-
elle assez droite pour vous servir de règle ?
Vous êtes donc aussi saint que Dieu ; car il n'y
a que lui qui ait pour règle sa volonté. Qu'y a-
t-il de plus déréglé que la vôtre ? Quel mérite
aurez-vous, ne faisant que ce qu'il vous plaît ?
Vous ne servez Dieu que par vos actions ; et si
vos actions ne sont point dans l'ordre, comment voulez-vous qu'elles puissent plaire à
Dieu ?

III. — Pratique.

Prescrivez-vous un ordre en la journée, que
vous gardiez inviolablement, si vous n'en êtes
empêché par un ordre supérieur qui vous oblige
de le quitter. Réglez le temps de votre repos, de
votre repas, de votre étude et de votre divertissement. On ne vit au Ciel que dans l'ordre ;
commencez une vie que vous continuerez dans
l'éternité ; elle en sera plus agréable à Dieu,
plus commode à votre famille, si vous en avez,
et plus avantageuse à votre salut. Dieu est dans
l'ordre et d[ans] la paix ; le démon, dans le trouble et dans le désordre. Lequel est-ce de ces

deux que vous voulez suivre ? A qui est-ce que vous voulez ressembler ?

IV. — Les ennemis de l'ordre.

Il y a des gens qui aiment naturellement l'ordre : ceux-là n'ont pas de peine à se régler ; il y en a d'autres qui sont du naturel de ces sauvages qu'on ne saurait discipliner, et qui ressemblent à ces bêtes farouches qu'on ne saurait apprivoiser. Ils haïssent tout ce qui les tient dans l'ordre, dans la discipline et dans la dépendance. Ils se lèvent quand ils veulent, ils mangent quand il leur plaît ; ils étudient quand l'envie leur en prend ; ils jouent quand l'étude n'est plus à leur goût ; ils prient Dieu s'ils sont en bonne humeur ; ils quittent l'oraison s'ils n'y sont pas. Vous les verrez un jour dévots, modestes, composés ; un jour après, ce n'est plus cela. Ces sortes de gens ont une grande opposition à la vertu, et s'ils ne règlent leurs passions, il y a danger qu'ils ne meurent dans le déréglement. N'êtes-vous point de ces gens-là ?

Accoutumez-vous à vivre d'ordre, et distinguez-vous des bêtes par une conduite de raison. Êtes-vous religieux ? gardez vos règles ; ne l'êtes-vous point ? faites-vous une règle que vous gardiez, comme si vous étiez en religion. Pour arriver à la perfection, il n'y a qu'à bien faire ses actions ; et pour les bien faire, il faut les faire dans l'ordre. Toutes les dévotions irrégulières sont de grands pas hors du bon chemin. Est-ce être chrétien que de vivre selon ses sens et de suivre le cours de ses passions ? Et qu'est-ce que vivre sans règle, sinon vivre par humeur et par passion ?

V. — Dévots libertins et irréguliers.

Il y a de certains dévots fort suffisants, qui traitent de tyrannie les règles les plus saintes, et les conduites qu'on prescrit aux âmes qui veulent avancer à la vertu. Ils aiment la liberté et l'indépendance, et ne peuvent s'assujettir à aucun règlement. Ils disent que l'esprit de la grâce est un esprit de liberté, que toutes ces méthodes d'oraison tiennent les âmes captives, et les empêchent de suivre le mouvement du Saint-Esprit ; qu'il faut s'abandonner à la conduite de Dieu, ne s'attacher à aucune pratique, n'observer aucune règle ; qu'en tout ce qu'on fait et en tout ce qu'on entreprend il faut consulter son instinct, et suivre l'impression du Saint-Esprit ; que c'est là la conduite des enfants de Dieu, et la véritable dévotion.

Pour moi, j'appelle cela un franc libertinage,
un état de tromperie et d'illusion, une conduite
qui approche fort de celle de nos hérétiques,
qui haïssent la dépendance, et qui se gouvernent par un esprit particulier, sous prétexte
que l'esprit de la grâce est un esprit de liberté.
Les saints Pères de l'Église et les fondateurs
de la Religion n'ont pas suivi ces maximes
dangereuses, et il est croyable que ceux qui les
enseignent n'ont jamais étudié ni leur doctrine,
ni leurs exemples.

Défiez-vous de ces gens qui vous mènent par
des voies inconnues et irrégulières. Si vous êtes
religieux, tenez pour illusion tout ce qui vous
retire de l'obéissance ; si vous ne l'êtes pas, ne
vous dispensez pas aisément de l'ordre que
vous vous êtes prescrit.

VI. — Leurs fausses maximes détruites.

Il est sans doute qu'il faut quitter son ordre
pour suivre le mouvement du Saint-Esprit :
mais d'où savez-vous que votre instinct est un
mouvement de grâce, et non point de nature ;
de l'Esprit de Dieu, et non pas de l'esprit du
démon ? Le Saint-Esprit est un esprit d'ordre,
qui inspire aux âmes la sujétion et la dépendance. Il tire les hommes de la servitude de

leurs passions, et non pas de l'obéissance qu'ils doivent aux lois. Quand les règlements sont libres, il veut qu'on les suive sans s'y attacher ; quand ils ne le sont pas, il veut qu'on les garde sans s'en dispenser. L'onction de sa grâce ne fait pas qu'on rejette le joug de la foi de Dieu, mais elle aide à le porter.

VII. — Réflexion et résolution.

Remerciez Dieu, âme chrétienne et religieuse, de vous avoir donné un esprit d'ordre. Voyez si vous êtes fidèle à garder vos règles. Demandez pardon à Dieu d'avoir été si infidèle à sa loi, et de vous être tant de fois émancipée. Gardez-vous bien de confondre la liberté avec le libertinage. Défiez-vous de toutes les dévotions qui vous retirent des voies communes. Prenez avis de gens sages, et persuadez-vous qu'il n'y a que l'obéissance qui vous puisse préserver de l'illusion, et vous faire marcher en assurance.

Heureux celui qui s'abandonne à la conduite de Dieu, et qui ne fait rien que par ses ordres ; qui observe jour et nuit ses volontés ; qui se tient toujours prêt, au moindre signe, de marcher ou de s'arrêter, de veiller ou de se reposer. C'est ce que fait celui qui ne vit point par passion, et qui suit les ordres qui lui ont été donnés de Dieu. On dira de lui ce que Moïse dit du peuple d'Israël dans le désert : *Ils campaient quand le Seigneur l'ordonnait ; ils décampaient quand il le commandait. Ils marchaient et s'arrêtaient à son commandement.* (Num. IX.) Peut-on dire le même de vous ?

IIe CONSIDÉRATION.

DES PREMIÈRES ACTIONS DE LA JOURNÉE.

————

I. — Tous les commencements sont d'importance.

Les commencements en toutes choses sont de très-grande conséquence. Les prémices de nos pensées, de nos affections et de nos travaux, sont des tributs qui sont dus à Dieu. C'est du commencement de la journée qu'en dépend ordinairement toute la suite : c'est pourquoi le démon fait tous ses efforts pour corrompre l'arbre en sa racine, et pour dérober à Dieu le premier hommage qui lui est dû. Ainsi vous devez à votre réveil donner votre première pensée, votre première parole et votre première action à Dieu. Le faites-vous ?

II. — Du lever.

Il n'est pas temps de délibérer s'il se faut lever ou non, quand on est au lit et qu'on a encore envie de dormir. Si vous écoutez la nature, il est infaillible qu'elle gagnera sa cause. Elle vous représentera qu'il fait froid et que vous êtes incommodé ; que vous avez mal passé la nuit ; qu'infailliblement vous tomberez malade, du moins que vous ne ferez que dormir pendant l'oraison ; que la grâce fait mieux son opération lorsque le corps est content et qu'il n'a rien à lui reprocher ; que le repos est nécessaire pour travailler, et qu'il vaut mieux en prendre un peu trop que trop peu. N'est-ce pas là comme elle vous endort? N'est-ce pas ce qui vous empêche de vous vaincre ?

Arrêtez dès le soir l'heure de votre lever ; et quand elle sera venue, faites-vous une loi inviolable et une nécessité indispensable de la garder, à moins que vous ne soyez extraordinairement incommodé. Commencez votre journée par une mortification. Remportez une glorieuse victoire sur le démon et sur le plus puissant de tous les ennemis, qui est le sommeil. Persuadez-vous que c'est là le sacrifice du matin ordonné par la loi, et qui est infiniment agréable à Dieu : que si vous ne sacrifiez pas cette action à Dieu, il faut la sacrifier au démon ; que cette fidélité vous attirera beaucoup de grâces du Ciel, et détournera quantité de malheurs où vous tomberiez ce jour-là.

N'appelez point la grâce au secours de la nature corrompue, et ne faites point servir l'esprit au corps : si vous êtes assoupi en votre oraison, elle n'en sera pas moins agréable à Dieu, pourvu que vous résistiez courageusement au sommeil. Croyez-moi, vous n'y perdrez rien ; vous avez affaire à un maître qui saura bien récompenser vos services, et qui ne manquera point de vous faire goûter en un autre temps les doux fruits de votre patience.

Levez-vous gaiement lorsqu'il est temps de vous lever. Si le corps vous dit qu'il n'a point dormi la nuit, répondez-lui qu'il dormira mieux la suivante ; qu'il sera guéri de tous ses maux aussitôt qu'il sera hors du lit ; que Dieu est un habile médecin, et qu'il saura bien suppléer au défaut du sommeil. Sans confiance en Dieu il n'est pas possible de s'élever au-dessus des sens, de vivre d'esprit sans mortification. Faites-en une bonne provision, et commencez dès le matin.

III. — Du trop grand soin de sa santé.

Il y a des âmes qui ont tant de tendresse pour leur corps, que la moindre incommodité les abat et leur fait abandonner leurs exercices de piété. Elles s'occupent incessamment de leur mal, elles en parlent à tout le monde, elles y emploient tous les remèdes imaginables, elles consultent tous les médecins : vous diriez que leur vie est une des colonnes de la nature, et que tout le monde doit finir avec elles. Mais ce qui est plus déplorable, c'est qu'elles cherchent des remèdes sur la terre et n'en vont point chercher au Ciel ; elles consultent Hippocrate et Galien comme les dieux de la santé, et ne consultent jamais Jésus-Christ, qui est l'unique auteur et le conservateur de notre vie. Elles le comptent pour rien ; elles ne font point d'état de ses ordonnances, et défèrent plus aux maximes trompeuses et incertaines de la médecine qu'à toutes les vérités de l'Évangile.

IV. — Deux sortes de maladies.

Jamais ces âmes lâches ne feront de progrès en la vertu ; elles demeureront toujours attachées à leur corps et ensevelies dans leur sépulcre. Qu'elles apprennent en passant, puisque nous sommes tombés sur cette matière, que le trop grand soin de sa santé est la plus grande et la plus artificieuse tentation du démon ; qu'il y a des maladies qui sont naturelles, d'autres qui ne le sont pas ; que les premières se peuvent guérir par les remèdes de la médecine, pourvu qu'ils aient la bénédiction de Dieu et qu'on n'y mette point sa confiance ; que les autres ne se guérissent que par l'oraison et par la confiance en Dieu.

Qui ne croirait, voyant une femme courbée depuis dix-huit ans, que son infirmité procédait d'une contraction de nerfs, de quelque défaillance de nature, ou de quelque vice secret du corps ? Cependant ce n'était rien de tout cela ; c'était, dit Notre-Seigneur, Satan qui la tenait liée depuis dix-huit ans, et il n'y avait point de remède sur la terre qui la pût guérir. Il faut dire le même d'une grande partie de nos maladies : nous croyons que la cause en est naturelle, et souvent elle ne l'est pas : c'est le démon qui lie nos forces : c'est Dieu qui nous attache à cette croix et qui veut que nous l'honorions par un sacrifice continuel de patience. Il veut du moins que nous ayons recours à lui, que nous vivions dans une continuelle dépendance, et que nous lui abandonnions le soin de notre corps aussi bien que de notre âme. Nous avons beau faire et beau nous tourmenter, les remèdes augmenteront notre mal au lieu de le diminuer.

V. — Il faut avoir recours à Dieu dans les maladies.

Suivez le conseil du Sage, qui vous exhorte en vos infirmités d'avoir recours à Dieu et non pas aux hommes, avec assurance qu'il vous guérira si la santé vous est utile. L'oraison, dit-il, et la parole de Dieu ont plus de vertu pour chasser la maladie que le séné et la rhubarbe des médecins.

VI. — Si c'est tenter Dieu que de se passer de remèdes.

Mettez-vous donc dans l'ordre, et ne vous dispensez point aisément de la discipline religieuse pour quelque infirmité que vous ressentiez. Ce n'est point tenter Dieu de se passer de remède quand le mal n'est point considérable ; mais c'est l'offenser que d'y mettre toute sa confiance. N'est-ce pas pour cela qu'Asa, ce bon roi, mourut ? S'il se fût adressé à Dieu, il eût recouvré la santé. *Asa*, dit l'Écriture sainte, *mou-*

rut d'une violente douleur des pieds, et il n'eut point recours au Seigneur dans son infirmité ; mais il mit sa confiance en l'art des médecins. (II Par., XVI, 12.) Voilà la cause de sa mort.

VII. — Quand il en faut user.

Je ne blâme pas un soin modéré de sa santé, ni qu'on appelle les médecins lorsque la maladie est considérable : mais à moins que vous ne soyez obligé de garder le lit, je vous conseillerais de vous en passer. Marchez tant que vous pourrez ; si vous tombez on vous relèvera. Dieu veut être le médecin de votre corps aussi bien que de votre âme. Combien de saints sentaient leur mal empirer prenant des remèdes, et diminuer n'en prenant point ? Oh ! qu'heureux est l'homme qui fait de son corps une victime continuelle, et qui peut dire avec saint Paul, *Je meurs tous les jours.*

VIII. — Qu'il faut être fidèle à se lever à temps.

Sauvez-vous donc, âme religieuse, des mains des apothicaires et des médecins. Jetez-vous entre les bras de Dieu, qui connaît et qui peut guérir votre mal. N'écoutez point votre corps quand

il vous demande grâce et permission de dormir.
Levez-vous brusquement et moquez-vous de
ses plaintes. Si vous condescendez une fois à
son inclination, il en fera coutume, et l'exigera
comme un devoir. C'est le Saint-Esprit qui vous
l'ordonne. *Ne disputez point*, dit-il, *et ne diffé-
rez point à vous lever quand l'heure en est venue.*
(Eccli. xxxii). Le faites-vous? Ne manquez-vous
point à ce sacrifice du matin? Si l'infirmité ne
vous en doit point dispenser, combien moins la
sensualité et l'envie de dormir?

Tout le succès de la méditation dépend de
cette première action. Hélas! quelle oraison
peut faire celui qui a perdu les grâces de l'oraison? Elles descendaient du Ciel pendant que
vous dormiez, c'était alors qu'il fallait recueillir
cette manne céleste; le temps en est passé, il
n'y a plus rien pour vous. Et puis avec quel
front un homme osera-t-il se présenter devant
Dieu pour recevoir ses dons, et pour jouir de la
douceur de sa compagnie, qui a commencé sa
journée par une infidélité, et qui dormait pendant que les autres étaient en prière? Défiez-vous
de cette tentation qui est grande, et qui est la
principale cause de la vie languissante que mènent quelques personnes en religion.

IX. — Des premières pensées, paroles et actions.

Quelle est votre première pensée à votre réveil? Quelle est votre première parole? Quelle
est votre première action? La première pensée
doit s'élever à Dieu. La première parole doit
être de Dieu. La première action doit être
pour Dieu, et comme la semence de toutes les
autres. Vêtez-vous le plus promptement que
vous pourrez. Faites, si vous voulez, quelque
prière en vous habillant. Souvenez-vous de garder la modestie en tout temps, mais principalement à votre lever : l'ange de Dieu qui est présent vous punira, si vous paraissez devant lui
dans un état indécent. Si vous donnez aux jeunes enfants qui vous servent occasion de chute
et de péché, on vous mettra une meule de mou-
lin au cou, et on vous jettera dans la mer.

Si vous ne faites point de prière, ayez quelque
bonne pensée en vous habillant ; la meilleure
est de vous entretenir du sujet de votre méditation, et de concevoir un grand désir de la faire.
Est-ce là votre pratique? Ne donnez-vous point
à votre réveil liberté à votre esprit de se dissiper en des pensées vaines, et de courir comme
un chien de chasse après son gibier? Quelle

merveille après cela si vous avez tant de peine
à le ramener pendant l'oraison, et à le tenir recueilli en la présence de Dieu ?

X. — Prière du matin.

Dès lors que vous serez décemment couvert,
rendez à Dieu les respects et les hommages qui
lui sont dus. Adorez-le comme l'auteur et le
conservateur de votre être. Remerciez-le des
grâces qu'il vous a faites. Offrez-lui les actions
de la journée. Demandez-lui sa bénédiction. Ar-
mez-vous de force et de résolution pour combattre votre grand ennemi, qui est le péché, auquel vous êtes le plus sujet. Prévoyez-en les
occasions. Recommandez-vous à vos anges et
à vos saints protecteurs, puis faites quelque
prière vocale. La fin dépend du commencement. Vous finirez bien la journée, si vous la
commencez bien. Voyez à quoi vous manquez,
et mettez-y ordre.

III· CONSIDÉRATION.

DE L'ORAISON MENTALE ET VOCALE.

1. — Il ne faut jamais manquer à l'oraison du matin.

C'est ici que vous avez besoin des grâces de Dieu, pour connaître les défauts que vous commettez en vos prières.

L'oraison est, pour ainsi parler, la mamelle de la miséricorde de Dieu. Si vous êtes son enfant, vous la prendrez tous les matins avec autant d'avidité qu'un enfant fait celle de sa mère. Je parle de l'oraison mentale. Si vos affaires vous le permettent, vous devez, deux fois le jour, offrir ce sacrifice à Dieu, le matin et le soir. Si vous ne le pouvez pas le soir, du moins n'y manquez jamais le matin.

Comme l'oraison est la nourriture de l'âme, le démon, qui ne peut emporter une place de force, tâche de la prendre par famine, lui coupant les vivres et l'empêchant d'être secourue. Il vous suscitera des affaires pressantes et des incommodités notables pour vous la faire quitter ; du moins il vous persuadera de la remettre à un autre temps. Le matin est le plus propre ; si vous obéissez à sa suggestion, vous ne trouverez point le temps de la faire, et vous serez privé des grâces qui vous étaient destinées pour ce jour-là.

Etes-vous fidèle à rendre ce devoir à Dieu? N'y manquez-vous jamais ? Voudriez-vous passer une journée sans manger ? Que vous a fait votre âme pour la traiter avec plus de dureté et de cruauté que votre corps ? *Béni soit Dieu*, dit David, *qui n'a point retiré de moi ni ma prière, ni sa miséricorde* (Ps. LXV)! La miséricorde et l'oraison sont deux choses inséparables : l'une est l'arbre, et l'autre le fruit ; l'une la source, et l'autre le ruisseau. Si vous quittez l'oraison, Dieu vous retirera sa miséricorde. Quoi, pensez-vous vivre sans nourriture ? Combattre sans armes ? Voler sans ailes ? Travailler sans force ? Eh! d'où retirez-vous tout cela, si ce n'est de l'oraison ? Quelle bénédiction devez-vous attendre de Dieu le jour que vous aurez manqué à le prier ? Il ne faut qu'une infidélité de la sorte pour ruiner votre fortune, et pour vous empêcher d'entrer

dans la salle des noces où l'Époux vous atten-
dait.

II. — Méthode de l'oraison.

La manière de faire oraison doit être simple,
fidèle, humble, respectueuse, sans lâcheté et
sans contention d'esprit. Cette science ne s'apprend pas tant par l'étude que par l'expérience.
Les âmes innocentes doivent aller à Dieu d'une
manière innocente, et pour ainsi parler, enfan-
tine, sans façon, sans cérémonie, et comme de
petits enfants au sein de leur nourrice. Ceux qui
ont l'esprit préoccupé des fausses maximes du
monde, se doivent désabuser par le discours, et
par le raisonnement fondé sur les vérités de
l'Évangile. Mais ceux qui sont persuadés des
maximes de notre religion, doivent plus donner
à l'affection qu'à la considération ; ils doivent
demander, désirer, appeler, chercher et soupirer incessamment, jusqu'à ce qu'ils aient trouvé
la source d'eau vive pour se désaltérer, et que
l'Esprit leur dise : *C'est assez travaillé ; il est
désormais temps de vous reposer.*

III. — Préparation.

Lisez le soir avant que de vous coucher le sujet
de votre oraison. Relisez-le, s'il est nécessaire,

encore le matin à votre lever. Entrez dans le sanctuaire de la grâce avec une profonde humilité, une intention pure, un désir ardent et sincère d'honorer Dieu et de faire sa volonté. Occupez-vous de Dieu sans vous occuper de vous-même. Cherchez-le, comme dit David, dans la simplicité de votre cœur, sans duplicité et sans mélange de vos propres satisfactions. La paix du cœur, l'indifférence de la volonté, la satisfaction intérieure de l'âme en quelque état qu'elle se trouve, de consolation ou d'aridité, de lumières ou de ténèbres, est une marque qu'on cherche purement Dieu et que l'oraison est excellente.

Comment traitez-vous avec Dieu? Avez-vous de la peine à vous entretenir avec lui? Ne vous laissez point aller au dégoût et au chagrin, quand vous ne trouvez point de satisfaction en l'oraison? N'êtes-vous point tenté de tout quitter? Que ne lisez-vous les méthodes d'oraison, pour apprendre ce que vous devez faire, lorsque vous ne sauriez rien faire; vous faites beaucoup si vous aimez beaucoup; et vous aimez beaucoup si vous souffrez avec patience les égarements de votre esprit, la légèreté de votre imagination, l'incommodité du corps, les tentations du démon, le murmure des passions, le chagrin et le dégoût de la nature.

IV. — Causes des distractions.

Avez-vous des consolations? ne vous y attachez point. Êtes-vous souvent distrait? recherchez-en la cause. N'est-ce point que vous êtes trop dissipé pendant le jour? N'est-ce point que vous avez le cœur attaché à quelque chose? N'est-ce point faute de préparation, ou que vous ne donnez pas à Dieu ce qu'il vous demande; ou qu'il veut éprouver votre patience, et vous faire reconnaître votre infirmité?

V. — Causes des aridités.

Vous n'avez point de consolation ; peut-être que c'est parce que vous la désirez avec trop de passion, ou que vous ne vous étudiez pas à vous mortifier, ou que vous êtes infidèle à l'inspiration de Dieu , ou que vous manquez de croix, ou que vous êtes superbe et négligent. C'est peut-être aussi que Dieu veut purifier votre âme, et la détacher des sens. C'est qu'il veut réveiller votre amour, piquer votre désir, éprouver votre fidélité. C'est qu'il veut vous faire mériter quelque grâce signalée qu'il a dessein de vous faire.

C'est enfin peut-être qu'il vous veut faire passer de la méditation à l'affection, et de l'affection à l'union.

Quoi qu'il en soit, persuadez-vous que la sécheresse est aussi nécessaire à la terre que la pluie, la nuit que le jour, l'hiver que l'été. Que les consolations ne seront pures que dans le Ciel ; que vous ne mériteriez rien si vous en aviez toujours ; qu'une oraison de patience vaut incomparablement mieux qu'une oraison de délices ; et que pourvu que vous soyez fidèle en cet état, et que vous ne quittiez point l'oraison, Dieu vous visitera lorsque vous y penserez le moins, et vous mènera par ce désert affreux à la terre promise, où vous mangerez le miel et le lait en abondance.

Lisez notre petite Méthode d'Oraison, si vous l'avez, et la considération du cinquième dimanche d'après Pâques.

VI. — Des prières vocales.

Il y a deux sortes de prières vocales : les unes sont de précepte, comme le bréviaire aux prêtres, aux bénéficiers et aux religieux ; les autres sont libres et de dévotion. Les prières d'obligation sont préférables à celles qui ne sont que de dévotion. Elles doivent être récitées en leur temps, avec attention et dévotion. Les autres se peuvent dire ou ne pas dire, en un temps ou en un autre : mais supposez qu'on les dise, ce doit être avec la dévotion requise.

VII. — Illusion de quelques contemplatifs.

Il y a des gens qui méprisent les prières vocales, et qui ne font état que de la mentale. Ils se plaignent que la vocale les distrait. Ils disent que Dieu étant un pur esprit, il ne lui faut parler que d'esprit ; et qu'il n'est pas besoin de lui découvrir nos pensées, puisqu'il voit jusqu'au fond de nos cœurs. Ce discours et ce sentiment est assez ordinaire à ceux qui ont trouvé Dieu dans le fond de leur âme, et qui commencent à goûter les douceurs de l'union. La chaleur de ce vin céleste leur montant à la tête, leur fait faire de faux pas, s'ils ne s'appuient sur ceux qui ont de la science et de l'expérience.

Il est vrai que l'oraison mentale est préférable à la vocale ; que c'en est l'âme et l'esprit, et qu'une prière sans attention n'est pas une véritable oraison. Cependant il se faut bien donner de garde de mépriser la vocale : car outre qu'elle est souvent d'obligation, elle est sainte et approuvée de l'Église. Le Fils de Dieu nous en a donné l'exemple et nous en a prescrit la forme. Quoi ! n'y a-t-il que les imparfaits qui doivent réciter l'Oraison dominicale ? Ne faut-il pas honorer Dieu de l'esprit et du corps, de la langue et du cœur ? Où va cette belle spiritualité, sinon à abolir entièrement l'usage de la prière, soit mentale, soit vocale ; car Dieu voit ce qui est dans mon esprit : il n'est donc point nécessaire que je lui parle ni du corps ni de l'esprit. Gardez-vous de ces dévotions qui, sous prétexte de perfection, jettent les âmes dans l'impiété et dans l'illusion.

VIII. — Devoirs superstitieux.

Il y en a d'autres qui vont dans une autre extrémité. Ils ne croiraient pas avoir prié Dieu, s'ils ne faisaient de longs discours et s'ils ne récitaient tous les jours un grand nombre de prières. Ils en ont un certain rôle qu'il faut nécessairement parcourir ; et s'ils y manquaient une fois, ils croiraient que Dieu serait en colère contre eux, et qu'il leur arriverait quelque disgrâce ce jour-là. Défaites-vous de ces dévotions inquiètes et superstitieuses. Faites-vous régler vos oraisons par votre directeur. Généralement parlant, il vaut mieux prier du cœur que de la langue, et dire l'Oraison dominicale avec attention, que de marmotter une infinité de prières avec précipitation.

IX. — Diverses prières vocales.

Entre les prières vocales, faites état de celle

que notre Seigneur a composée, et qu'il nous a
enseignée : soit pour le respect que vous devez
à son auteur, soit pour les choses qu'elle contient, soit pour la vertu qu'elle a d'impétrer
toutes les nécessités. Après celle-là, n'estimez
rien tant que les psaumes de David et la Salutation angélique. Généralement parlant, vous ai-
merez et réciterez avec dévotion celles qui sont
en usage dans l'Eglise, mais n'entreprenez pas
de les dire toutes.

Si vous me croyez, vous ne passerez point de
jour sans dire votre chapelet, qui est composé
de l'Oraison dominicale et de la Salutation angélique. Prenez quelque autre temps pour réciter
les litanies du nom de Jésus, et celles de la
Vierge. Si vous n'êtes point obligé de dire votre
bréviaire, vous pourrez dire encore le petit office de Notre-Dame, pourvu que vous en ayez
la commodité. Examinez-vous sur cet article.
Voyez avec quel respect et dévotion vous faites
vos oraisons vocales. Si vous en dites trop ou
trop peu, avec attention ou sans attention, et
quel remède il y faut apporter.

Quelque prière que vous récitiez, d'obligation
ou de dévotion, vous ne la devez jamais commencer que vous ne vous soyez recueilli et mis
en la présence de Dieu. Considérez-vous comme
l'organe du Saint-Esprit, qui prie par votre

bouche : de même que c'est le vent qui fait jouer et chanter les tuyaux d'un orgue, lorsqu'ils sont tous où ils doivent être. Donnez-lui la disposition entière de votre cœur. Arrêtez-vous de temps en temps, principalement entre chaque psaume, et rappelez votre esprit s'il est égaré. Goûtez et savourez le sens des paroles que vous prononcez : il n'y en a point qui n'ait un goût divin et une saveur céleste.

X. — Pratiques de dévotion pour prier avec attention.

Quelques-uns récitent leur office dans toutes les stations des souffrances du Fils de Dieu. Matines et laudes, dans le Cénacle et dans le jardin des Olives. Prime, chez Anne et chez Caïphe. Tierce, dans le palais d'Hérode. Sexte, dans le prétoire de Pilate. None, sur le Calvaire. Vêpres et complies auprès du sépulcre. Il y en a d'autres qui suivent l'attrait de la grâce et la disposition où ils se trouvent. Tout cela est bon quand on le fait sans trouble et sans scrupule. Quelle est votre méthode?

XI. — Prières avant et après le repas.

Ne soyez pas de ces gens qui ne sauraient prier s'ils ne sont en humeur de le faire, et qui

veulent que Dieu s'accommode à leur caprice.
Réglez le temps et la quantité de vos prières ;
ou plutôt, s'il est possible, priez en tout temps,
puisque vous avez besoin de Dieu en tout temps
et que vous recevez de lui des bienfaits en tout
temps. N'y manquez pas, surtout avant et après
le repas. La bénédiction des viandes a des effets
merveilleux pour les rendre utiles au corps, et
pour en dissiper les maléfices. Vous savez ce qui
arriva à saint Benoît, lorsqu'on lui présenta du
poison, et à cette femme qui fut possédée du
démon pour avoir mangé d'une laitue sans avoir
fait la bénédiction. L'un et l'autre est rapporté
par saint Grégoire-le-Grand. Ceux qui ne remer-
cient pas Dieu de ses bienfaits ne méritent jamais d'en recevoir.

XII. — Oraisons jaculatoires.

Il faudrait soupirer autant de fois qu'on res-
pire, et ne pas être un moment sans s'entretenir
avec Dieu. Si cela ne se peut pas, accoutumez-
vous à vous recueillir de temps en temps : le
plus souvent est le meilleur. Prenez pour signal
le son d'une horloge. Rendez-vous l'usage des
oraisons jaculatoires facile et fréquent. Il ne
faut que savoir aimer pour savoir prier et soupirer. Ces élancements du cœur procèdent du

Saint-Esprit. C'est une langue d'amour qui est bien connue de ce Dieu d'amour. On pense à ce qu'on aime : dites assurément que vous n'aimez point Dieu, si vous pensez peu ou point du tout à lui.

IVᵉ CONSIDÉRATION

—

I. — Comme on doit dire la messe.

Comme il n'y a point de culte sur la terre qui
rende plus d'honneur à Dieu que le saint sacrifice de la messe, nous devons considérer cette
action comme la plus importante de notre vie,
et la faire avec toute la perfection qui nous est
possible.

Si le prêtre connaît son état et la grandeur de
son ministère, il ne s'approchera jamais des autels qu'avec une sacrée horreur, et n'en sortira
qu'avec une reconnaissance infinie.

II. — Qu'est-ce qu'un prêtre à l'autel.

Le prêtre à l'autel est le médiateur de Dieu et
des hommes ; c'est l'agent de la nature hu-

maine et le député de l'Eglise, choisi de tout son corps pour traiter avec Dieu au nom de toutes les créatures, pour lui rendre de leur part leurs soumissions et leurs hommages ; pour adorer sa grandeur infinie, pour le remercier de ses bienfaits, pour apaiser sa justice et obtenir grâce à tous les pécheurs ; enfin c'est pour lui demander les nécessités corporelles et spirituelles de tous les hommes.

Ceux qui entendent la messe se doivent persuader qu'il y a deux prêtres à l'autel : l'un visible et l'autre invisible ; l'un qui est principal, l'autre qui est subordonné ; l'un qui est Dieu et homme, l'autre qui est pur homme ; ou plutôt ils doivent croire qu'il n'y a qu'un prêtre en chef qui est Jésus-Christ, lequel s'immole lui-même et se sacrifie par les mains de son ministre ; car il est en ces divins mytères le prêtre et la victime : il sacrifie et il est sacrifié.

III. — Le prêtre doit être le sacrificateur et la victime.

Comme l'instrument doit avoir la même fin que la cause principale, et que l'ambassadeur représente la personne de son maître, le prêtre étant l'agent de toute la nature, choisi par autorité publique pour reconnaître la grandeur souveraine de Dieu par ses humiliations, par ses abaissements, par sa mort, et par un entier anéantissement de soi-même, il ne doit monter à l'autel que pour se sacrifier avec Jésus-Christ, et s'il manque à ce devoir, il trahit les intentions de toute la nature humaine, qui l'a choisi pour cet effet, et il doit être puni comme un prévaricateur infidèle.

En effet, dans un parfait sacrifice, celui qui fait l'office de prêtre en doit être aussi la victime, parce qu'il représente le corps de l'Église qui prétend par cette action s'anéantir soi-même devant son souverain, et se détruire avec la victime qui lui est substituée. C'est pourquoi le prêtre doit s'immoler soi-même en qualité de chef de la république humaine, et protester par sa destruction, qu'il n'y a que Dieu qui soit le principe et la fin de tous les êtres.

Il est vrai qu'il n'y a que le Fils de Dieu qui puisse, à proprement parler, être le prêtre et la victime et posséder ces deux qualités en chef. Toutefois, comme l'homme qui est ordonné de l'Église fait une même chose avec Jésus-Christ et compose une personne morale avec lui, si le prêtre n'est pas victime aussi, on peut dire qu'il manque quelque chose à la perfection de son sacrifice.

IV. — Sa modestie à l'autel.

Il faut qu'allant à l'autel il ne se considère plus comme un homme, mais comme Jésus-Christ qui va parler par sa bouche et s'immoler par ses mains. Ensuite il ne doit faire aucune action de corps dont on ne puisse dire, voilà une action de Jésus-Christ. Il doit garder exactement toutes les rubriques ; en un mot, il doit célébrer d'une manière si grave, si modeste, si dévote, si respectueuse, que Dieu en soit honoré, les assistants édifiés, Jésus-Christ reconnu en la personne et en la modestie de son ministre.

V. — Son entretien avec Dieu.

Quoiqu'avant que d'aller à l'autel il doive dresser ses intentions, et se rendre autant qu'il peut digne de faire une action si auguste, cependant c'est principalement en son *Memento* et avant que de consacrer qu'il doit s'acquitter de sa commission, et traiter avec Dieu comme l'agent et le député de la nature humaine ; c'est-à-dire, lui rendre ses adorations, le remercier de ses bienfaits, apaiser sa colère et implorer sa miséricorde. C'est là qu'il doit, comme Moïse, lier les mains à sa justice ; c'est là qu'il doit reconnaître la grandeur infinie de ce premier Être et s'anéantir devant lui comme fait le Fils de Dieu sur l'autel ; c'est là qu'il lui doit représenter toutes les nécessités de son peuple et se persuader qu'il obtiendra infailliblement ce qu'il demande, s'il fait cette action avec le respect, l'attention et la dévotion qu'il doit. Au reste, comme le prêtre représente la personne de Jésus-Christ, il doit aller à l'autel chargé comme lui des hommages, des remercîments, des nécessités et des péchés de tous les hommes ; de leurs hommages qu'il doit rendre à Dieu ; de leurs remercîments qu'il lui doit faire ; de leurs nécessités qu'il lui doit représenter ; de leurs péchés et de leurs dettes qu'il doit acquitter.

VI. — Des prêtres qui célèbrent sans dévotion et sans révérence.

A la vérité c'est une chose bien déplorable de voir des prêtres à l'autel traiter ces mystères terribles comme des actions profanes, sans gravité, sans dévotion, sans crainte, sans modestie. On les voit regarder de côté et d'autre, faire tout avec empressement et n'avoir qu'un soin, qui est d'avoir bientôt fait. Vous diriez que l'Église pour eux est un enfer et que leur paradis est d'en être dehors. Hélas ! est-il possible qu'il n'y ait que Dieu avec qui on s'ennuie. On passe les journées entières avec plaisir dans des conversations d'hommes et de femmes, et on a de la peine à demeurer une demi-heure avec Jésus-Christ ; on se contente d'être un quart d'heure à l'autel, et on y serait moins si cela se pouvait faire.

Si un péché véniel commis volontairement en célébrant ou avant que de célébrer, empêche qu'on ne retire tous les fruits du sacrifice, quel profit en doivent espérer ceux qui vont brusquement et inconsidérément à l'autel, qui ne se préparent point à ces divins mystères, qui ne gardent point les règles prescrites par l'Église, qui édifient mal les assistants et qui sont déterminés à n'y point employer le temps qu'ils y doivent mettre ?

Ce que nous avons dit jusqu'à présent est principalement pour les prêtres qui disent la messe. Voici pour ceux qui y assistent.

VII. — Comme il faut entendre la messe.

Les laïques qui entendent la messe doivent se persuader qu'il n'y a point d'action en la vie qu'ils doivent faire avec plus de respect, d'attention et de dévotion que celle là. Ils doivent regarder le prêtre comme la propre personne

du Fils de Dieu, qui va représenter à son Père
toutes leurs nécessités et donner sa vie pour les
délivrer de la mort temporelle et éternelle qu'ils
ont méritée; et comme le Fils de Dieu prend
leur place, meurt et s'immole pour eux, ils doivent aussi mourir pour lui.

VIII. — Si les pécheurs peuvent y assister.

J'avoue qu'il serait à désirer que tous ceux
qui assistent à ces divins mystères fussent en la
grâce de Dieu ; mais il ne faut pas pour cela que
ceux qui sont en péché croient qu'il leur est défendu d'y assister, beaucoup moins qu'ils com-
mettent un péché en y assistant avec respect.
Ce sentiment serait hérétique. Au contraire,
comme ils sont dans de plus grandes nécessités
et que c'est pour leurs péchés qu'il est offert,
s'ils veulent faire pénitence et se convertir, ils
y doivent fréquemment assister.

Car enfin c'est une vérité de notre foi, que le
sacrifice de nos autels est un sacrifice de propitiation qui remet de très-grands péchés et les
peines qui leur sont dues, et que son propre
effet est d'obtenir la grâce de pénitence à ceux
qui y assistent avec foi, révérence et respect
intérieur et extérieur : c'est la doctrine du con-

cile de Trente qu'il énonce en ces termes. « Le
» saint concile déclare que ce sacrifice est vé-
» ritablement propitiatoire ; et que si nous ap-
» prochons de Dieu avec un cœur sincère et
» une foi droite, avec crainte et révérence, con-
» trits et pénitents, nous obtenons par son
» moyen miséricorde, et nous trouvons grâce
» avec les secours qui nous sont nécessaires. »
Car Dieu Notre-Seigneur, apaisé par cette of-
frande, « accorde la grâce et le don de péni-
» tence, et remet des crimes et des péchés même
» très-grands à ceux pour lesquels il est offert. »
*Gratiam et donum pœnitentiæ concedens, cri-
mina et peccata etiam ingentia dimittit.*

Voilà ce que dit le concile, dont j'ai bien
voulu rapporter les paroles, parce qu'elles sont
capables de donner de la dévotion pour ces divins mystères à ceux qui n'en ont point. Or si
ce sacrifice remet de très-grands péchés et la
peine qu'ont méritée ceux qui y assistent, s'il
leur obtient la grâce et le don de pénitence, il
est évident que les pécheurs n'en doivent point
être exclus, et que c'est n'avoir pas des sentiments catholiques, de dire qu'ils pèchent assistant humblement et respectueusement à ce divin sacrifice. Il ne faut donc point manquer un
seul jour d'y assister. Mais comment l'entendez-
vous ?

IX. — Pratique pour bien entendre la messe.

Il y a quantité de belles pratiques pour bien
entendre la messe. Vous vous servirez de celle-
ci, si vous n'en trouvez pas de meilleure.

1. Allez à l'église, comme les pasteurs à Beth-
léem pour voir l'Enfant Jésus nouvellement né,
ou comme la sainte Vierge au Calvaire pour assister à sa mort, et pour l'offrir en sacrifice à
Dieu pour le salut de tout le monde, ou comme
les trois apôtres à la montagne de Thabor pour
le voir transfiguré.

2. Au commencement de la messe considérez-
vous comme un criminel qui veut recevoir sa
grâce, et faites avec douleur devant Dieu la déclaration de vos péchés, en disant le *Confiteor*
avec le prêtre.

3. Au *Gloria in excelsis*, entrez dans le sentiment des anges quand ils entonnèrent ce divin
cantique, et dans celui des apôtres qui l'ont
achevé. Louez, adorez, bénissez Dieu avec le
prêtre, désirez que son nom soit connu et sanctifié, et que son royaume s'étende par toute la
terre. Invitez les anges et les saints du Paradis,
et généralement toutes les créatures à le louer
avec vous. Cette invitation se peut faire d'esprit
ou par des oraisons vocales, récitant lentement

le *Pater noster*, ou le *Te Deum laudamus*, ou le cantique des trois jeunes hommes, *Benedicite omnia opera*, etc.

4. Pendant que le prêtre récite l'épître et l'évangile, si vous entendez les paroles, écoutez-les avec attention ; si vous ne les entendez pas ou que vous soyez éloigné de l'autel, priez Dieu qu'il éclaire tous les infidèles de la lumière de la foi, et qu'il ramène tous les hérétiques à l'obéissance de l'Eglise, récitant l'oraison *Ecclesiæ tuæ*, etc., et les autres ordonnées pour ce sujet.

5. Au *Credo*, faites profession de foi, croyant un Dieu en trois personnes, le Père votre créateur, le Fils votre rédempteur, le Saint-Esprit votre sanctificateur, et désirez qu'il soit connu, servi, aimé et adoré de tout le monde.

6. A l'Offertoire, mettez votre corps, votre âme, votre esprit, votre cœur, vos biens, vos espérances, vos parents, vos amis et généralement tous vos désirs sur la patène du prêtre. Présentez tout à Dieu pour lui être immolé avec le corps de son Fils unique en parfait holocauste et en odeur de suavité. Priez aussi Dieu de vous changer et de vous transformer en son Fils, comme le doit être le pain et le vin qu'on lui présente.

7. A la Préface, élevez votre cœur au Ciel, préparez-vous au sacrifice. Louez et remerciez

Dieu avec l'Eglise, et chantez avec un respect infini le cantique des anges : *Saint, saint, le Seigneur des armées. Le ciel et la terre sont remplis de sa gloire. Béni soit celui qui est venu*, et qui doit venir *au nom du Seigneur* pour nous sauver.

8. Après le *Sanctus*, jusqu'à la consécration, il faut considérer le prêtre comme la personne de Jésus-Christ, médiateur entre Dieu et les hommes, qui traite de votre salut et de votre réconciliation avec Dieu. Songez à sa passion, et la divisez en sept parties ou stations pour les sept jours de la semaine, comme nous enseignerons à la fin de cette pratique.

9. A l'élévation de la sainte hostie, ne demeurez pas droit et immobile, mais adorez Notre-Seigneur de corps et d'esprit, vous inclinant doucement et accompagnant cette inclination du respect le plus profond de votre âme. Regardez votre Sauveur entre les bras du prêtre comme entre les bras de la croix, qui s'immole par un excès d'amour et se sacrifie pour vous. La vue du serpent d'airain guérissait ceux qui étaient mordus des serpents, et la vue de notre Rédempteur, qui avait en croix la figure du serpent, mais qui n'en avait pas le venin, guérit tous les pécheurs qui sont mordus par le dragon in-

fernal, pourvu qu'ils le regardent avec foi, espérance et douleur de leurs péchés.

10. Entre l'élévation du corps et du sang de Notre-Seigneur, demeurez dans un profond silence, respect et modestie intérieure et extérieure, vous persuadant que c'est là le temps que la victime est immolée ; que le sang, en vertu des paroles sacramentelles, est séparé du corps, quoique l'un et l'autre demeurent réellement unis ensemble sous chacune des espèces ; qu'ensuite le ciel s'ouvre, que les anges en descendent avec leur Seigneur, et que Dieu répand un déluge de grâces dans le cœur de ceux qui sont disposés à les recevoir : grâces de sainteté pour les justes, grâces de pénitence pour les pécheurs. Enfin, c'est dans ce sacré moment qu'on obtient de Dieu tout ce qu'on lui demande par la mort et par les souffrances de son Fils.

11. Après l'élévation, offrez à Dieu cette victime adorable pour les quatre fins du sacrifice, et c'est ici la principale dévotion de la messe.

Premièrement pour la gloire de Dieu, faisant des actes de foi qu'il est votre premier principe et votre dernière fin, votre Père, votre Roi, votre Créateur, votre Rédempteur, votre Sanctificateur, votre Gloire, votre Consolation, votre Force, votre Appui, votre Paix et généralement tout votre bien : d'espérance, qu'il vous

pardonnera tous vos péchés en considération
des mérites de son Fils qui s'immole pour
vous sur les autels et qui offre son sang pour
votre salut ; qu'il vous donnera son Paradis,
et qu'il vous assistera dans toutes vos nécessités spirituelles et corporelles ; de charité,
vous donnant vous-même et vous sacrifiant entièrement à lui pour accomplir les desseins qu'il
a sur vous, si contraires qu'ils puissent être à
vos inclinations, vous anéantissant avec son Fils,
qui est votre chef et dont vous êtes membre, et
vous offrant à vivre et à mourir pour sa gloire.
Voilà la première fin du sacrifice.

Secondement, vous remercierez Dieu de tous
les biens qu'il vous a faits, généraux et particuliers, corporels et spirituels ; non-seulement à
vous, mais encore aux saints qui sont honorés
ce jour-là dans l'Église ; offrant le corps et le
sang de Jésus-Christ à Dieu son Père, pour suppléer aux défauts de vos reconnaissances.

Troisièmement, présentez cette sainte victime
en sacrifice de propitiation pour les péchés de
tous les hommes, et spécialement pour ceux
que vous avez commis et fait commettre. Vous
ne sauriez faire de pénitence qui puisse égaler
la satisfaction que vous donnez à la justice de
Dieu par ce grand et adorable sacrifice, qui est
le même que celui de la croix.

Enfin, vous l'offrirez pour impétrer toutes vos nécessités corporelles et spirituelles, à vous et à votre prochain. Pour aider votre mémoire, vous pouvez appliquer toutes vos demandes à chacune de ses plaies en cette manière.

Regardez Jésus en croix, et considérant sa tête, priez pour la sainte Église, pour notre saint père le Pape, pour le roi, la reine, etc., et généralement pour tous nos supérieurs ecclésiastiques et séculiers.

A la main droite, priez pour tous vos parents, amis et bienfaiteurs.

A la gauche, priez pour les ennemis de l'Église, et pour les vôtres en particulier, disant avec Notre-Seigneur en croix : *Mon Père, pardonnez-leur : car ils ne savent ce qu'ils font.*

Au pied droit, priez pour vos inférieurs, vos domestiques, et généralement pour tous ceux qui dépendent de vous.

Au pied gauche, priez pour tous les fidèles qui sont en purgatoire, spécialement pour ceux que vous avez offensés et scandalisés ; pour les enfants de la Vierge, pour vos parents et amis et pour ceux qui ont plus de besoin de vos prières.

Pour le côté, vous entrerez dedans, et vous trouvant dans le cœur de Jésus percé pour votre amour, vous lui donnerez le vôtre, et vous le prierez de le remplir de sa grâce et de son esprit. Ensuite vous demanderez à Dieu, dans le cœur et par le cœur de son Fils, toutes vos nécessités corporelles et spirituelles, principalement la grâce de bien mourir, et vous accepterez la mort pour sa gloire, pour son amour, et pour la satisfaction de vos péchés.

12. Cet entretien doit durer jusqu'à l'*Agnus Dei*, et alors il faudra vous préparer à la communion spirituelle, désirant d'être digne de communier pour participer plus abondamment à ce divin sacrifice, comme parle le concile de Trente. Demandez pardon à Dieu de vos péchés; puis recevez invisiblement la sainte hostie de la main des anges, qui l'ont donnée réellement et visiblement à quelques saints. Faites ensuite votre action de grâces, vous entretenant avec Notre-Seigneur, comme si vous l'aviez reçu sacramentalement.

13. Les oraisons étant achevées, recevez la bénédiction du prêtre, comme celle de Dieu même. Entendez le dernier évangile avec grande dévotion, principalement ces paroles sacrées, *Verbum caro factum est,* le Verbe s'est fait chair. Si vous avez communié, persuadez-vous que cette incarnation s'est renouvelée, que le Verbe s'est fait chair en vous, et qu'il veut demeurer avec vous.

14. La messe étant finie, adorez et remerciez Notre-Seigneur, retournez chez vous rempli de la grandeur de ce mystère, et récitez en action de grâces le *Te Deum laudamus, etc.*, ou le cantique de Zacharie, *Benedictus Deus Is- raël, etc.*

X. — Comme il faut méditer la passion de N. S. pendant la messe.

Le sacrifice de nos autels étant le même que celui de la croix, et le Fils de Dieu l'ayant in- stitué en partie pour nous faire souvenir de sa passion, il ne faut jamais entendre la messe sans l'honorer et sans l'accompagner dans quel- que station de ses souffrances. Voici comme vous les méditerez chaque jour de la semaine.

Le lundi, considérez le Fils de Dieu au jar- din des Olives, où il sue le sang et l'eau; puis chez Anne et chez Caïphe, où il est souffleté et traité indignement. Demandez à Dieu, par les mérites de son Fils, la grâce de surmonter vos passions, et de souffrir toutes les injures qu· vous seront faites.

Le mardi, considérez Jésus méprisé par Hé- rode, qui le traite comme un insensé; et par Pilate, qui le compare à un voleur et à un meur- trier. Aimez l'abjection de vous-même, et ne vous fâchez point de l'élévation des autres au-dessus de vous.

Le mercredi, représentez-vous Notre-Seigneur flagellé et couronné d'épines. Vengez-vous sur votre corps des plaies qu'il a faites à votre Sauveur; et sur votre ambition, des douleurs ignominieuses dont elle a couronné sa tête. Songez qu'il faut porter la couronne d'or après la couronne d'épines, ou la couronne d'épines après la couronne d'or.

Le jeudi, suivez Jésus portant sa croix, et portez la vôtre après lui. Si vous portez bien la vôtre, vous lui aiderez à porter la sienne. Etendez-vous sur l'autel comme sur le Calvaire, pour y être cloué et sacrifié le reste de vos jours en qualité de victime.

Le vendredi, entendez les sept dernières paroles que Jésus prononce en croix, et les prononcez avec lui. Après avoir recommandé à Dieu votre corps et votre âme, vos biens, votre réputation, votre santé, et tout ce que vous avez de plus cher; mourez spirituellement avec lui, et vivez ensuite comme un mort, sans soin et sans désir de toutes les choses créées.

Le samedi, entrez dans le tombeau de Jésus, et vous y ensevelissez avec lui. Persuadez-vous que le monde est mort pour vous, et que vous êtes mort pour lui. Descendez aux enfers avec la sainte âme de Notre-Seigneur, pour tirer quelque âme du purgatoire. Ou bien entrez dans le cœur de la Vierge, pour prendre part à sa douleur.

Le dimanche, considérez Jésus ressuscité avec ses plaies glorieuses, entrez dans son cœur par la communion, et n'en sortez jamais.

Vᵉ CONSIDÉRATION.

DE LA CONFESSION ET DE LA DIRECTION.

Comme la vie du corps se conserve par la nourriture et se répare par les remèdes, aussi la vie de l'âme dépend de la confession et de la communion ; la confession la guérit, et la communion la nourrit. L'un et l'autre est un sacrement qu'il faut recevoir avec les préparations requises.

1. — Examen.

La confession suppose l'examen de conscience, donne une disposition nécessaire à ce sacrement. Il contient cinq parties. 1° L'action de grâce. 2° L'invocation du Saint-Esprit pour connaître ses péchés. 3° La revue de toutes ses actions, pensées et paroles. 4° La douleur d'avoir péché. 5° Le bon propos de s'amender. Voyez auquel de ces cinq points vous vous arrêtez davantage.

II. — Il le faut faire tous les jours.

Il est important de faire tous les jours cet examen, car il maintient l'âme dans l'humilité et dans la connaissance de soi-même. Il attire de nouvelles grâces du Ciel pour la reconnaissance de celles qu'on a reçues. Il dispose à la confession, et fait qu'on n'y omet point de péché considérable. Il empêche aussi le vice de prendre racine dans l'âme. Il rend l'usage de la contrition facile par les actes fréquents qu'on en produit. Il met ordre à l'avenir, il prévoit les dangers, il marque les occasions. En un mot, il rend l'homme plus sage, plus vigilant, plus pur, plus humble, et le met à tous moments en état de mourir. Êtes-vous en cette disposition? manquez-vous à votre examen? quelle en est la cause?

L'homme sage prévoit le mal, et le détourne autant qu'il peut. Vous serez jugé après votre mort : prévenez ce jugement en vous jugeant vous-même. Si vous vous excusez, Dieu vous accusera ; si vous vous pardonnez, Dieu vous condamnera. Au contraire, il vous défendra, si vous vous accusez. Il vous pardonnera, si vous vous condamnez.

Il y en a qui se plaignent qu'ils ne se souviennent point le soir de ce qu'ils ont fait pendant la journée, et comment se souviendront-ils de ce qu'ils auront fait pendant un mois ou un an? Cela montre qu'il est moralement impossible de se bien confesser si on ne le fait souvent.

L'action de grâces est une des plus importantes parties de l'examen. Considérez les biens que Dieu vous a faits ce jour-là; et vous concevrez sans peine de la douleur du mal que vous aurez fait. Il est bon de rappeler en sa mémoire tous les péchés qu'on a commis : mais il ne faut pas les rechercher avec trouble et inquiétude. Si vous avez commis quelque faute notable, elle se présentera aussitôt à votre esprit. Arrêtez-vous à celle-là, concevez-en de l'horreur, faites une ferme résolution de vous en corriger le jour suivant, et vous aurez fait un bon examen.

Il est surtout très-important d'entreprendre un vice à combattre, et une vertu à acquérir : ce doit être le sujet principal de votre examen. Il y en a qui ne font rien, parce qu'ils veulent trop faire : ils déclarent la guerre à tous les vices, et n'en détruisent pas un. C'est un artifice de leur ennemi qui les joue, et qui leur donne

le change. Nos forces sont bornées et limitées ;
nous ne pouvons pas tout faire à la fois : elles
sont faibles quand elles sont divisées, il les faut
réunir pour surmonter son ennemi. Il est bon
d'en entreprendre un, et de ne point mettre bas
les armes qu'on ne l'ait entièrement défait.
Quelle est la matière de votre examen ? à quel
vice faites-vous la guerre ? combien y a-t-il que
vous le combattez ? quel avantage en avez-vous
remporté ?

III. — De la confession.

Le sacrement de pénitence est la seconde
planche que Dieu nous a laissée après notre naufrage. Autant de fois que nous nous confessons,
nous honorons la sagesse de Dieu par l'aveu que
nous faisons de nos ignorances ; sa puissance
par l'exposition de nos faiblesses ; sa sainteté
par la déclaration de nos crimes. Nous faisons
amende honorable à sa grandeur et à sa majesté
que nous avons offensée ; nous donnons satisfaction à sa justice ; nous humilions notre orgueil ;
nous détournons les châtiments que nous avons
mérités ; nous lui sacrifions notre honneur, qui
est la chose du monde que nous aimons le plus ;
nous purifions notre âme ; nous guérissons nos
plaies ; nous acquérons un droit particulier aux

grâces de Dieu ; nous déracinons nos vices ; nous assurons notre salut ; nous procurons la paix et le repos à notre conscience.

IV. — Défaut de ceux qui veulent ne rien omettre.

Il y en a qui font consister l'excellence de leur confession à se souvenir de tous leurs péchés, à tout dire, et à ne rien oublier. S'il leur en échappe un seul, ils se troublent et croient n'avoir rien fait qui vaille. C'est ce qui leur donne de l'horreur pour la confession, croyant qu'ils n'en font jamais une qui soit entière. Ce scrupule est dangereux, puisqu'il tend à éloigner l'âme des sacrements, et lui donne aversion de son remède.

N'êtes-vous point de ces gens-là ? Pourquoi vous tourmentez-vous d'une chose qui n'est point tout à fait en votre pouvoir ? N'est-ce pas Dieu qui vous donne connaissance de vos péchés ? S'il vous est absolument nécessaire que vous les déclariez, il vous en fera souvenir, puisque vous ne vous en souvenez pas. Il ne vous oblige pas à dire ce que vous ne savez point, mais ce que vous savez. Après que vous avez employé le temps qui vous est prescrit par votre confesseur à vous examiner avec application, vous devez être en repos ; et si vos péchés retournent dans votre esprit, ils ne rentrent pas pour cela dans votre cœur, d'où ils ont été chassés par l'absolution du prêtre.

V. — Défaut de ceux qui veulent sentir la contrition.

Il n'est point aussi nécessaire qu'une contrition soit sensible pour être véritable. Il faut avoir une grande douleur de ses péchés ; mais il ne faut pas juger de sa grandeur par le sentiment qu'on en a. Il y en a qui ont des larmes à commandement, et qui ne sont pas pour cela plus touchés de douleur que ceux qui n'en ont point. Nous le voyons dans Pharaon, dans Judas et dans Antiochus. Celui-là montre qu'il est véritablement pénitent, lequel déteste son péché et ne le veut plus commettre. Si vous ne sentez point de douleur, priez Dieu de vous en donner ; si vous n'en avez point, suppléez à la douleur sensible par votre humilité. Prosternez-vous de corps et d'esprit devant Dieu ; reconnaissez vos infidélités et vos ingratitudes ; demandez-en pardon, et sans tant de discussion, de recherche et d'examen, allez vous confesser de bonne foi. Dieu, qui voit votre cœur, sait bien que vous ne voulez pas le tromper ni faire un sacrilége, et que puisque vous vous confessez, n'y étant point

obligé, vous montrez bien que le péché vous
déplaît et que vous voulez vous amender.

VI. — La rechute n'est pas toujours une marque que la pénitence a été nulle.

A la vérité il y a bien sujet de douter si un
pénitent a de la douleur, qui retombe souvent
dans le même péché incontinent après s'en être
confessé. La haine étant la plus forte et la plus
constante des passions, celui qui se réconcilie si
promptement avec son péché, donne sujet de
croire qu'il ne l'a jamais haï. Je sais que la re-
chute n'est pas une marque certaine que la pénitence a été défectueuse. Les sacrements ne
nous rendent pas impeccables, bien qu'ils diminuent les péchés. La vérité d'un acte précédent
n'est pas détruite par la vérité d'un acte suivant ; ainsi je puis retomber malade, quoique
j'aie recouvré véritablement la santé.

VII. — Quelles rechutes sont à craindre.

Tout cela est véritable. Mais quand les re-
chutes sont grandes et fréquentes, quand on
n'en est ni plus vigilant ni plus fidèle, il y a sujet de craindre que la douleur n'ait pas été véritable. Avez-vous dessein en vous confessant de

tromper Dieu? Non, dites-vous. Agissez-vous de bonne foi? Oui. Demeurez donc en paix, et ne vous troublez point.

VII. — Il faut écouter les instructions du prêtre avec attention.

Ne vous imaginez pas être bien confessé pour avoir dit tous vos péchés, si vous ne les avez détestés. Il y en a qui emploient tout le temps à chercher de quoi dire, et ne songent presque point à détester ce qu'ils ont fait ni à prévoir ce qu'ils doivent faire. La crainte qu'ils ont d'oublier quelque péché est si grande, qu'ils ne s'occupent que de cela pendant que le prêtre leur parle et leur donne l'absolution. C'est ce dont ils devraient faire un grand scrupule, car les instructions du prêtre dans le sacrement sont en quelque façon des paroles sacramentelles qui portent grâce avec elles, et qui ont une vertu particulière de rendre la santé aux malades. Il n'est pas nécessaire que vous disiez les péchés dont vous ne vous souvenez pas, mais il est souvent nécessaire que vous entendiez la correction qu'on vous fait et l'avis qu'on vous donne.

IX. — Sentiments de piété lorsqu'on reçoit l'absolution.

Savez-vous ce qui se passe lorsque le prêtre vous donne l'absolution ? le Ciel s'ouvre, le Saint-Esprit descend, les démons sont chassés de votre âme, le Fils de Dieu la lave de son sang, vous êtes revêtu de la robe nuptiale et mis en état d'assister aux noces et d'approcher de la sainte table, vous sortez des enfers, vous ressuscitez comme Lazare, vous êtes délié de vos péchés et de la peine éternelle que vous aviez encourue ; vous rentrez dans la communion de l'Eglise, vous êtes rétabli dans la qualité d'enfant de Dieu, vous recouvrez le droit à l'héritage du Paradis que vous aviez perdu, vous recevez les grâces infuses, les dons du Saint-Esprit et une infinité d'autres trésors ; et pendant que cela se passe, vous êtes distrait volontairement pour songer à vos péchés ? vous vous occupez de choses vaines et inutiles contre la défense que vous en a faite votre confesseur ? Quel aveuglement et quelle tentation !

Défiez-vous de cette ruse du démon. Après un examen raisonnable humiliez-vous devant Dieu. Confondez-vous à la vue de vos infidélités. Concevez-en de la douleur en votre âme, sans vous mettre en peine de la sentir. Formez une ferme résolution de vous amender. Allez vous confesser. Déclarez vos péchés nettement et modestement. Quand vous avez dit ce que vous savez, ne songez plus à rien, mais écoutez ce que le prêtre, ou plutôt ce que le Fils de Dieu vous dit par la bouche du prêtre. Et quand il vous donne l'absolution, persuadez-vous être sur le Calvaire et que le sang du Fils de Dieu coule à gros bouillons sur votre âme pour la purifier. Demeurez dans le silence et dans un profond respect, et vous retirez ensuite sans dire mot, à moins que vous ne vous souveniez d'un péché considérable que vous n'auriez pas dit, car alors il le faudrait déclarer. Mais, comme j'ai dit, donnez-vous de garde de l'aller chercher, ne vous occupant que de ce soin et de cette pensée, pendant que le prêtre vous parle ou vous absout.

X. — Il ne faut pas éviter la confusion.

Puisque la confession est principalement instituée pour humilier le pécheur, plus vous aurez de confusion, plus vous donnerez de satisfaction à la justice divine. C'est la meilleure de toutes les pénitences que vous puissiez faire. Gardez-vous donc de pallier vos péchés, de les dissimuler, de les excuser : mais déclarez-en toute la malice, et buvez avec plaisir la confusion que vous cause cette déclaration.

XI. — S'il la faut chercher.

Il y en a qui estiment qu'il est bon d'obliger de temps en temps les âmes les plus saintes à faire une déclaration nouvelle des impuretés de leur vie passée pour en avoir de la confusion. Pour moi j'avoue que je ne suis point de ce sentiment, et que je le trouve très-dangereux. Qu'est-il besoin d'aller remuer ce bourbier ? N'est-ce pas assez qu'une âme s'humilie devant Dieu sans salir son imagination ? Qui peut dire que cela ne réveillera point la tentation ? Y a-t-il lieu, y a-t-il temps, y a-t-il sainteté, quelle qu'elle soit, qui puisse être en assurance, et insulter à la faiblesse du démon ? Les pensées déshonnêtes sont toujours des ennemis à craindre, beaucoup plus les discours. Ces remèdes sont de la nature des poisons qui tuent les malades s'ils ne sont bien préparés. Il se peut faire que quelques hommes en fassent un bon usage : mais je ne conseillerais jamais aux femmes, principalement quand les confesseurs les y veulent obliger, à moins que leur sainteté ne fût connue et ne pût être soupçonnée de quelque curiosité. Mais combien en trouvera-t-on de la sorte ?

XII. — S'il faut se confesser souvent.

Ceux qui sont scrupuleux font bien de se confesser rarement, je veux dire une fois la semaine. Ceux qui ne le sont pas ne sauraient mieux faire que de se confesser souvent. A force de se laver les mains on les tient nettes. Qu'il est difficile de se confesser rarement, et de faire une bonne confession ! Comment vous souviendrez-vous de tous vos péchés ? Comment les pourrez-vous détester ? Peut-on haïr en un moment ce qu'on a longtemps aimé ? Peut-on aimer en un moment ce qu'on a longtemps haï ? On juge qu'un malade veut guérir, quand il prend les remèdes propres à son mal. Jugerai-je que vous voulez vous amender, fuyant la confession, qui est le plus puissant moyen pour vous tirer du vice ?

XIII. — De la satisfaction.

Faites la pénitence que le prêtre vous impose, et ne la regardez pas comme une peine, mais comme une grâce très-grande que Dieu vous fait, changeant les peines éternelles de l'enfer aux peines temporelles de cette vie ; de grandes et longues douleurs, en une courte et légère satisfaction.

Il est vrai qu'une partie de la pénitence est de s'amender de son péché : mais cela n'empêche pas qu'on ne le doive haïr et punir. Les péchés d'habitude ne se déracinent qu'avec peine ; à moins de vous imposer de bonnes pénitences autant de fois que vous les commettrez, vous ne vous en déferez jamais.

La pénitence doit dédommager la justice de Dieu, elle fait même sa fonction sur la terre. Si vous voulez que Dieu vous pardonne, ne vous pardonnez rien. Si vous voulez qu'il vous épargne, ne vous épargnez point. Si vous vous faites grâce, il vous fera justice. Si vous vous faites justice, il vous fera grâce.

XIV. — Nécessité d'un directeur.

Avez-vous un directeur? Pourquoi n'en avez-vous point? Savez-vous le chemin du Ciel? Y a-t-il homme sur la terre qui soit suffisant à lui-même? Dieu vous gouverne-t-il par des révélations particulières? Êtes-vous plus éclairé que saint Paul, que le Fils de Dieu envoie à Ananias pour être instruit? que les plus grands saints qui se sont laissés conduire? La brebis est

un animal docile et qui demande un pasteur.
Vous n'êtes point brebis, si vous n'avez point
de conduite. Il ne faut que se connaître pour
se défier de soi-même. Y a-t-il sur la terre
créature plus malade que vous? Si vous ne le
croyez pas, vous êtes morte : eh, d'où vient
donc que vous ne voulez point de médecin?
N'est-ce pas tenter Dieu que de s'en vouloir
passer? Qui vous assurera que vous êtes dans
une bonne voie, sinon ceux à qui Notre-Seigneur a donné le gouvernement des âmes, et
auxquels il a dit : *Celui qui vous écoute m'écoute,
et celui qui vous méprise me méprise.*

Vous êtes, dites-vous, une personne habile et
spirituelle. Vous devez donc avoir plus d'humilité et plus de défiance de vous-même que
les autres. Vous devez avoir plus de dépendance de Dieu, et plus de soumission à sa conduite; et puisqu'il ne conduit les hommes que
par les hommes, vous ne devez pas croire que
votre conduite soit de Dieu, si vous n'avez personne pour vous instruire. Il faut pour traiter
et pour gouverner les âmes, avoir une science
céleste, des grâces extraordinaires ; surtout la
discrétion des esprits, sans laquelle on ne peut
discerner les mouvements de la grâce et de
la nature, de Dieu et du démon. Or ces grâces
étant gratuites, elles nous sont données pour

les autres, et non pas pour nous-mêmes. Celui qui est fort éclairé pour la conduite du prochain, est souvent très-aveugle pour la sienne propre, d'autant que Dieu ne fait couler ses grâces que par le canal de l'obéissance et par la direction d'une autorité légitime.

C'est pourquoi saint Bernard a très-bien dit, que celui qui s'établit le maître de soi-même, se rend disciple d'un fou, et qu'il n'a point besoin de démon pour le tenter, parce qu'il est à soi-même le plus méchant et le plus dangereux de tous les démons. Cassien ajoute, que comme il est impossible qu'une âme soit trompée qui s'abandonne aveuglément à la conduite de ses supérieurs, il ne se peut faire aussi qu'elle ne tombe dans l'illusion si elle s'appuie sur son propre jugement. Il faut donc avoir un directeur auquel on découvre sa conscience et dont on prenne avis.

XV. — Du choix d'un directeur.

Il y a de certaines dévotes qui font les précieuses, et qui ne sauraient trouver de directeur qui soit à leur goût. Il en faut changer tous les mois, et pour autoriser leur légèreté, elles produisent l'exemple de sainte Thérèse, dont la conduite était inconnue à la plupart de ses con-

fesseurs, et le sentiment de saint François de Sa
les, qui ordonne d'en choisir un entre dix mille.

J'avoue que les saintes Thérèses, je veux dire
celles qui sont dans ses voies, ont besoin de
directeurs savants et expérimentés. Mais êtes-
vous une sainte Thérèse? Obéissez-vous comme
elle à tous vos confesseurs? Faites-vous tout ce
qu'ils vous ordonnent, jusqu'à quitter Notre-Seigneur qui lui apparaissait visiblement, quand
l'obéissance le lui ordonnait? Si vous êtes humble, docile et obéissante comme elle, le Fils de
Dieu ne manquera point de vous donner des
gens plus capables et plus éclairés que vos confesseurs, lorsqu'il en sera temps. Cependant il
vous instruira par lui-même, sans toutefois vous
soustraire de l'obéissance que vous leur devez.
Les personnes qui sont si délicates en matière
de directeurs, et si difficiles à contenter, auraient
besoin d'en avoir un qui leur enseignât les élé-
ments de la vie spirituelle, et qui les fît marcher par les voies de l'humilité et de la mortification.

N'êtes-vous point de ces gens-là? Ne faites-vous
point la sainte Thérèse? N'êtes-vous point trop
difficile au choix de vos directeurs? N'épluchez-
vous point trop leurs actions? C'est prudence
de choisir le meilleur, et de ne pas se fier à tout
le monde : mais quand vous en aurez choisi un,

il faut s'y fier entièrement, à moins que sa conduite et ses mœurs ne vous donnent sujet raisonnable de craindre qu'il ne vous égare. Car
alors vous pourrez consulter quelque personne
qui vous déclare ce que vous devez faire, et si
vous vous y devez arrêter. C'est le sentiment
de tous les sages, qu'il faut se défier d'un confesseur ou d'un directeur, qui veut rendre les
personnes esclaves de sa conduite, qui leur ôte
la liberté d'aller à d'autres, et qui les oblige à
lui faire vœu d'obéissance. Tout cela m'est
suspect, et me fait craindre que cette conduite
ne soit plus humaine que divine.

XVI. — S'il est bon d'en changer.

La légèreté est un grand vice et ordinaire
aux femmes qui sont timides, et qui craignent
d'être trompées : mais il ne faut pas aussi se
jeter dans une autre extrémité. Il y en a qui
se font un point d'honneur de ne changer jamais, quoiqu'elles reconnaissent beaucoup d'i-
gnorance et fort peu de piété dans celui qui
les gouverne. Elles ne le veulent point quitter :
soit parce qu'elles ne veulent pas se manifester
à d'autres, soit parce qu'elles appréhendent de
passer pour légères et inconstantes.

Je conseillerais à ces gens-là de ne changer jamais ni de serviteurs, ni de servantes, ni de maison, ni de médecin si ignorant qu'il pût être. Hélas! tout nous est cher, hormis notre âme. Si le corps est malade, on cherche le plus habile de tous les médecins et on ne craint point en cela le respect humain, au contraire on en fait gloire ; et quand l'âme est malade, tout médecin est bon ; dût-elle périr éternellement, elle n'en aura point d'autre. Est-ce là s'aimer? Mais est-ce être raisonnable?

Apprenez que les hommes ne sont pas tous également éclairés, et que Dieu ne communique pas indifféremment ses dons à tout le monde. Il est de l'édifice spirituel comme du matériel. Il y en a qui savent bien creuser les fondements d'une maison et qui n'en sauraient élever les murailles ; d'autres savent bien élever les murailles, qui n'en sauraient faire le toit.

XVII. — De la défiance.

Il faut se gouverner en tout avec prudence : mais il faut se donner de garde de deux vices en matière de direction : l'un est la défiance, et l'autre l'attachement du cœur. Si vous cachez vos défauts, dit le Saint-Esprit, vous ne serez point dirigé, et si vous êtes sans direction, vous serez bientôt égaré : vous n'aurez ni conseil dans vos doutes, ni secours dans vos combats, ni consolation dans vos peines.

XVIII. — De l'attachement du cœur.

Il est aussi très-dangereux de séparer Dieu de son directeur, car il arrive ensuite, ou qu'on le méprise ou qu'on s'y attache d'une affection déréglée. Si vous ne regardez que Dieu en la personne qui vous dirige, vous lui parlerez avec respect, vous l'écouterez avec humilité, vous lui obéirez avec soumission, vous lui ouvrirez votre cœur avec confiance. Que si Dieu vous l'ôte, vous n'en serez point troublé ni inquiété, d'autant que ce n'est point sur la créature que vous devez vous appuyer, mais sur Dieu, lequel vous ôtant un homme vous en donnera un autre, et quand vous ferez de votre côté ce que vous savez, il ne manquera point de vous enseigner ce que vous ne savez pas.

Que si vous traitez trop familièrement avec votre directeur, si vous sentez un désir empressé de le voir et de lui parler, si vous souffrez avec impatience son éloignement, si vous disputez, si vous murmurez, si vous vous plaignez de ce qu'il ne vous considère pas tant que les autres et qu'il ne vous donne pas assez de temps pour lui parler, il est évident que vous le considérez plutôt comme un homme que comme la personne de Jésus-Christ. Ensuite vous devez appréhender la malédiction fulminée contre ceux qui s'appuient sur la créature et qui mettent toute leur confiance dans un bras de chair.

Examinez si vous n'êtes point de ces gens-là. Changez de directeur s'il ne vous est pas propre; s'il est sage, savant et vertueux, ne le changez pas, mais changez-vous vous-même et corrigez le déréglement de votre passion.

VIe CONSIDÉRATION.

DE LA COMMUNION.

I. — Comme il faut s'y préparer.

Comme l'Eucharistie est le plus grand et le plus auguste de nos sacrements, son usage est l'action la plus importante de notre vie.

II. — De la sainteté requise pour communier.

Ceux qui demandent une sainteté parfaite pour approcher de ce sacrement, pensant lui faire honneur, l'avilissent et le déshonorent, parce qu'ils le rendent inutile à ceux qui le reçoivent et à ceux qui ne le reçoivent pas. En effet, quel bien me fera ce sacrement, si j'ai une sainteté consommée? et quand le recevrai-je, s'il faut que j'aie cette sainteté?

Il n'y a rien de plus injuste et de plus dérai-

sonnable, que de demander pour préparatio
nécessaire à un sacrement ce qui est le fruit et
la fin de ce sacrement. Cette pureté sans tache,
cette perfection sans défaut, cette sainteté sans
vice, cette grâce et cette charité consommée
sont les effets de ce sacrement : c'est pour les
produire dans nos cœurs par un usage fréquent
qu'il est institué. Il n'y a donc pas de justice
d'exiger cette sainteté comme une préparation
nécessaire à le recevoir.

C'est une présomption horrible de se croire
digne de recevoir un Dieu, quelques préparations qu'on y apporte. Si nous mesurons notre
dignité sur l'excellence de ce sacrement, nous
ne communierons jamais ; si nous la mesurons
sur notre indigence, nous communierons tous
les jours. Jésus n'est pas dans ce sacrement pour
s'y faire craindre, mais pour s'y faire aimer. Le
pain n'est pas une nourriture qu'on prenne quelquefois l'année, mais tous les jours. Pourquoi
prendre cette forme, s'il ne veut pas être mangé ?
S'il voulait se faire craindre des hommes, n'au-
rait-il pas pris une figure plus auguste et plus
majestueuse ? Comme nous ne saurions nous
passer de ce sacrement, Notre-Seigneur en a
rendu l'usage et l'action facile à tout le monde.
Approchez de la lumière et elle vous éclairera
approchez du feu et il vous échauffera, appro-

chez de Jésus qui est votre vie, votre soleil, votre justice et votre sanctification, mais approchez-en sans crainte, et il vous examinera, il vous instruira, il vous purgera, il vous sanctifiera.

III. — La trop grande crainte nuit.

Une des choses qui empêchent le plus de profiter de la communion, c'est qu'on ne mange pas ce pain céleste avec faim et appétit. Quel moyen d'en approcher avec amour, ayant le cœur saisi de crainte? et qui peut ne pas l'avoir, croyant que c'est abuser de ce sacrement que de n'avoir pas une pureté angélique lorsqu'on le reçoit?

IV. — L'humilité est une préparation excellente.

Préparez-vous bien, âme chrétienne, mais persuadez-vous que la meilleure de toutes les préparations est la connaissance de vous-même, de votre pauvreté et de votre indigence, avec une ferme espérance que Notre-Seigneur par sa bonté y suppléera. Ne vous empressez pas, comme Marthe, à bien traiter Notre-Seigneur; attendez plutôt de lui, comme la Magdeleine,

en paix et en silence, la nourriture de votre
âme et le changement de votre cœur.

V. — S'il est bon de se retirer de la sainte table.

Ne vous retirez pas de la sainte table par dégoût ou par scrupule. Une âme est bien malade,
qui a perdu l'appétit de cette viande ; le salut
dépend quelquefois d'une communion ; que
savez-vous si ce n'est point celle que vous
omettez ?

Notre-Seigneur, en ce divin sacrement, n'est
pas seulement la nourriture de nos âmes, il en
est encore le remède ; il nous nourrit comme
aliment, et il nous guérit comme médicament :
si donc vous êtes malade, vous devez vous en
approcher et non pas vous en retirer. Quoi,
est-ce honorer du pain que de n'en point manger ? est-ce aimer un époux que de le fuir et de
n'en oser approcher ? quel honneur faites-vous
à Notre-Seigneur, de croire que vous pouvez
vous passer de lui et arriver à la sainteté sans
le secours de sa grâce ? Comment résisterez-
vous aux tentations sans force ? et d'où la tirerez-vous si ce n'est de ce divin sacrement ?

Demandez pardon au Fils de Dieu du mépris
que vous avez fait de lui sous prétexte de l'honorer. Pleurez la perte des grâces que vous avez

faite, car elles ne coulent dans nos âmes que par
le canal des sacrements et principalement de
celui-ci qui en est la source. Faites résolution
désormais de plutôt laisser mourir votre corps
de faim que de refuser à votre âme sa nourriture, et de ne point manger le jour que vous
ne voudrez point communier.

VI. — Pour ceux qui communient souvent.

Vous communiez souvent : mais le faites-vous
dignement? ne vous approchez-vous point de la
sainte table en état de péché mortel? Si vous
ne le connaissez pas, la communion l'effacera ;
si vous le connaissez, votre communion vous
condamnera : car c'est manger son jugement
que de communier indignement, et c'est communier indignement que de le faire sachant
qu'on n'est point en état de grâce. Si vous aimez mieux mourir que de communier en état
de péché mortel, vous avez sujet de croire que
vous ne communiez pas indignement.

VII. — Dispositions nécessaires pour recevoir les fruits du sacrement.

On peut recevoir l'effet principal du sacrement, qui est la grâce sanctifiante, sans rece-

voir tous les autres fruits qu'il produit. Pour
recevoir l'accroissement de la grâce, il faut
être exempt de péché mortel ; pour en recevoir
tous les fruits, il faut n'avoir point d'attache volontaire au péché véniel. N'en avez-vous point,
âme dévote et religieuse ? N'est-ce point ce qui
empêche l'effet de vos communions, et ce qui
vous rend si faible et si languissante ?

VIII. — Réflexion sur l'usage qu'on en fait.

C'est une très-bonne chose de s'accoutumer
au bien : mais il faut se donner de garde de faire
le bien par coutume, c'est-à-dire sans intention,
sans réflexion et sans advertance. Vous préparez-vous comme il faut quand il faut communier ? N'est-ce point par respect humain, ou par
contrainte que vous le faites ? Mangez-vous cette
manne céleste avec appétit, ou si c'est avec dégoût, comme ces Juifs sensuels qui étaient dé-
goûtés du pain des anges, et que Dieu punit si
sévèrement ? N'avez-vous point quelque péché
d'habitude dont vous ne vouliez point vous défaire ? Seriez-vous prêt de mourir allant communier ? Êtes-vous toujours résolu de travailler à
votre perfection, quelque dégoût que vous sentiez ? Si cela est, vous pouvez approcher de la
sainte table : car ce sacrement, comme nous

avons dit, ne suppose pas une âme parfaite, mais lui donne la force pour arriver à la perfection. *O mon Dieu*, dit David, *ceux qui s'éloignent de vous, périront*. Faites-vous régler vos communions, et si vous êtes religieuse ne manquez pas de suivre la communauté. Dieu veut que vous gardiez vos règles : par conséquent que vous communiiez les jours prescrits par la règle. Tout ce qui vous en empêche ces jours-là, sont de pures illusions.

IX. — Qui sont ceux qui profitent de la communion.

Dire la messe tous les jours et n'en devenir pas meilleur, communier souvent et en devenir plus méchant, c'est une marque qu'on ne fait point un bon usage de ce sacrement. Ne jugez pas que vous deveniez plus méchant pour sentir de fortes inclinations au mal. La communion n'ôte pas toutes les inclinations mauvaises, elle nous en laisse pour nous tenir dans la défiance de nous-même et dans la dépendance de la grâce. Si elle n'empêche pas le sentiment, elle empêche le consentement, comme dit saint Bernard. Voudriez-vous commettre un péché mortel? Comment dites-vous que vous ne profitez point de la communion? Pourriez-vous sans elle vous en abstenir?

X. — Si l'on peut communier quand on croit n'en pas profiter.

Les âmes humbles croient empirer au lieu d'amender, et reculer au lieu d'avancer. Il ne faut pas juger du profit qu'on fait, par le sentiment qu'on a. Il est bon que vous vous croyiez la plus méchante et la plus infidèle des créatures: et quoique vous la soyez véritablement, cela ne vous empêchera point de communier, pourvu que vous ayez un véritable dessein de vous amender. Car comment le ferez-vous sans grâce? Et d'où la tirerez-vous que de ce sacrement où est l'auteur de la grâce? Que si vous ne voulez pas travailler à votre perfection, ni vous corriger de vos défauts, ni rompre vos attaches, je ne suis point d'avis que vous vous approchiez de la communion.

XI. — Le peut-on quand on sent des tentations et des inclinations au mal?

Ne confondez point le sentiment du mal avec le consentement au mal. Vous pouvez être méchant ayant de fortes inclinations au bien, vous pouvez être saint ayant de puissantes inclinations au mal, pourvu que vous n'y donniez point de consentement. Ainsi les tentations ne vous doivent point retirer de la sainte table; au contraire, c'est ce qui vous oblige d'en approcher, pour y trouver de la force et du remède. Ne vouloir point se chauffer parce qu'on a froid, ni manger parce qu'on a faim, ni prendre de remède parce qu'on est malade, sont-ce des résolutions d'une personne sage et qui veut vivre, ou d'une personne désespérée qui veut mourir?

XII. — Le peut-on quand on n'a point de dévotion sensible?

La dévotion sensible n'est pas nécessaire pour bien communier, puisqu'elle ne dépend pas toujours de notre volonté, et qu'il arrive souvent que les plus grands saints n'en ont pas même aux plus grandes fêtes de l'année, comme il arriva à sainte Thérèse le jour de Pâques, soit parce que l'âme s'attache à ces menues douceurs, soit parce qu'elle se promet de les avoir par ses propres forces. Quoi qu'il en soit, ce n'est pas en ces tendresses que consiste la véritable dévotion, mais dans une prompte et constante volonté de faire ce que Dieu veut, et de ne pas faire ce qu'il défend. Faites ce que vous pouvez avec la grâce de Dieu ; suppléez par votre humilité, comme parle saint Bernard, à ce qui manque à votre charité, et vous serez très-bien préparé.

XIII — La meilleure préparation est l'humilité et le désir.

Il y a de belles pratiques pour se préparer à la communion. La meilleure à mon sens après la confession, est l'humilité et le désir. L'humilité nous fait voir notre indignité, et le désir notre indigence. La première nous éloigne de la sainte table ; la seconde nous en approche : l'une nous fait dire avec le Centenier : *Seigneur, je ne suis point digne ;* l'autre nous fait dire avec saint Pierre, lorsque les autres disciples se retiraient de la compagnie de leur Maître : *Seigneur, à qui irons-nous ? vous avez les paroles de la vie éternelle.*

XIV. — Motifs d'humilité, d'amour et de désir.

Pour s'humilier devant Notre-Seigneur, il n'y a qu'à ruminer ces deux paroles : *Qui êtes-vous, mon Dieu, et qui suis-je ?* Pour désirer le recevoir, il faut considérer l'honneur et le profit qui nous revient de manger à sa table ; l'amour infini que Jésus-Christ nous porte ; le désir qu'il a de manger cette pâque avec nous, d'entrer dans nos cœurs, et de nous communiquer sa vie ; la misère extrême où nous sommes ; la nécessité que nous avons de sa grâce et de sa force. Le désir est enfant de la pauvreté : une âme qui connaît son indigence, a une passion infinie de communier pour se nourrir et pour recouvrer des forces.

XV. — Peut-on se croire digne de communier?

Ne vous persuadez pas, quelque préparation que vous puissiez apporter à la communion, que vous soyez jamais digne de communier. Cette pensée est présomptueuse, et vous rendrait indigne de participer à ces divins mystères. Mettez toute votre dignité, si vous en pouvez avoir, en votre humilité. Protestez, devant le ciel et la terre, que vous ne faites fond que sur la bonté de Dieu, sur le désir qu'en a Notre-Seigneur, et sur l'obéissance que vous devez à votre confesseur.

XVI. — Intentions qu'on peut avoir en communiant.

Purifiez votre intention. Approchez de la sainte table pour honorer Dieu, pour obéir à ses volontés, pour accomplir ses desseins, pour vous unir à Jésus-Christ, pour lui donner la vie dans votre cœur, pour vous appliquer les mérites de sa passion, pour vous enrichir de ses grâces.

pour nourrir et fortifier votre âme, pour obtenir quelque vertu, pour détruire quelque vice, pour le soulagement de vos amis vivants et défunts, ou pour quelqu'autre fin semblable.

Ne vous empressez point en vos dévotions : persuadez-vous que tout consiste à s'humilier et à demeurer en paix. Êtes-vous capable de recevoir un Dieu? Avez-vous de quoi fournir à cette dépense? Priez Notre-Seigneur de se préparer lui-même son logis et d'envoyer deux de ses disciples pour mettre tout en ordre. Soyez semblable à ces vierges sages qui attendaient leur Epoux sans bruit et sans inquiétude.

Il y a beaucoup de moyens d'occuper son esprit et d'exciter sa dévotion avant que de communier. Les uns le font par ces pensées : Qui suis-je, mon Dieu, et qui êtes-vous? que venez-vous faire dans mon cœur? que gagnerai-je à vous recevoir? pour quelle fin vais-je communier?

D'autres parcourent la vie de Notre-Seigneur et s'arrêtent au mystère qui les touche davantage. Par exemple : Je vais, dit une bonne âme, recevoir le Fils de Dieu qui est assis sur le trône de son Père, qui est adoré des anges, et qui s'est revêtu de ma chair dans les entrailles de la sainte Vierge. Je vais renouveler son incarnation, lui donnant une nouvelle vie dans moi. O quel honneur pour moi ! quelle grâce et quelle faveur ! N'est-elle pas aussi grande que celle qu'il a faite à la Vierge ? Hélas ! je n'ai point sa sainteté, et cependant je la devrais avoir, puisque le même Fils de Dieu entre dans mon cœur et s'unit plus particulièrement à moi par la communion, qu'il ne s'est uni à elle par l'incarnation, s'il est vrai, ce qu'on enseigne ordinairement, que le Fils de Dieu pouvait naître d'une mère criminelle.

Si cette pensée ne vous occupe point, passez à une autre, et songez que vous allez recevoir celui qui est né dans une étable, celui qui a été visité des bergers, celui qui a été adoré des rois, celui qui a été reçu entre les bras de saint Siméon dans le temple, qui a été tenté dans le désert, qui s'est transfiguré sur le Thabor ; celui qui a fait tant de miracles, qui a éclairé tant d'aveugles, qui a guéri tant de malades, qui a ressuscité tant de morts, qui n'est jamais entré dans une maison sans y laisser des marques de sa bonté. Concevez un grand désir de le recevoir et une ferme espérance qu'il guérira, sanctifiera et enrichira votre âme de ses mérites.

Passez ensuite à sa passion, et considérez que vous allez recevoir celui qui a institué ce divin sacrement la veille de sa mort, qui sua du sang dans le jardin des Olives, qui le versa de toutes les veines de son corps dans le prétoire de Pilate, qui le donna jusqu'à la dernière goutte sur la croix ; et que c'est ce même sang qui va échauffer votre cœur et couler dans vos veines. Ajoutez encore que celui que vous allez recevoir vous aime si tendrement qu'il a bien voulu mourir pour vous, qu'il vous vient appliquer le fruit de sa mort et de ses souffrances ; que c'est lui qui fut mis dans un sépulcre et qui va descendre dans votre cœur comme s'il descendait de la croix dans le tombeau ; que c'est lui qui vous a été chercher dans les enfers, et qui est ressuscité glorieux ; que vous allez recevoir ce même corps avec ces plaies adorables qu'il fit toucher à ses disciples ; qu'il vous va découvrir son côté et vous donner entrée dans son cœur.

Enfin considérez que vous allez recevoir celui qui est monté au ciel, qui doit venir juger les vivants et les morts, et qui vous remerciera de l'avoir logé chez vous lorsqu'il était pèlerin sur la terre. N'y a-t-il pas là suffisamment de quoi vous occuper et vous donner de la dévotion.

Il y en a d'autres qui parcourent les litanies du saint nom de Jésus, et qui s'arrêtent au titre qui les touche le plus : Je vais recevoir le Fils de Dieu vivant ; je vais recevoir le Roi de gloire ; je vais recevoir le Soleil de justice, le Dieu de paix, le Père des pauvres, etc. Et de chaque litre ils tirent des motifs d'humilité, de charité et de confiance, comme vous verrez à la fin de cette considération.

XIX. — Action de grâces.

Or comme il est très-important de se bien préparer avant la communion, il est aussi nécessaire de bien ménager le temps d'après la communion. La viande ne profite point si elle n'est digérée. C'est le feu de l'amour et de la dévotion qui nous transforme en Notre-Seigneur, après que nous l'avons reçu. O Jérusalem ! si tu savais qui est celui qui te vient voir, et les biens que tu peux recueillir de cette visite : mais parce que tu n'en as pas profité, tu seras sévèrement châtiée.

XX. — Comme il la faut faire.

Savez-vous comme il faut vous entretenir avec Notre-Seigneur ? Quelle civilité feriez-vous à un roi qui viendrait vous voir et manger avec vous ? Quelles actions de grâces lui rendriez-vous ? Que de demandes et que de requêtes lui présenteriez-vous pour vous et pour vos amis ?

Si Jésus-Christ en entrant vous donne des marques sensibles de sa présence et vous atten-

drit le cœur, profitez de ces précieux moments.
Si vous êtes distrait, dissipé, tiède et languissant, ne vous troublez point, mais priez Notre-
Seigneur de suppléer à votre impuissance, et de
faire en votre cœur ce qu'il a dessein d'y faire.
La viande se digère dans votre estomac sans que
vous y pensiez, pourvu que vous ne troubliez
point l'opération de la nature. Laissez faire la
grâce ; si vous ne l'empêchez point d'agir par
des distractions volontaires, elle digèrera, pour
ainsi parler, cette viande céleste, et vous trans-
formera en Jésus-Christ. C'est un Roi de paix
qui demeure dans la paix. Ne troublez point son
repos, et il vous donnera sa paix.

Il est bon d'abord, après avoir communié, de
vous tenir paisible et dans un profond silence,
écoutant Notre-Seigneur parler, ou plutôt le lais-
sant faire ce qu'il veut dans votre cœur. Ne jugez pas de l'effet de la communion par le sentiment que vous en avez. Les opérations de
Dieu les plus parfaites sont ordinairement les
moins sensibles. Quand l'Epoux est entré, fer-
mez la porte de votre cœur, et vous reposez sur
son sein.

L'amour est éloquent ; il ne faut pas lui apprendre à discourir. Il parle beaucoup quand il
est jeune ; il se tait quand il est dans sa force et
dans sa maturité. Parlez beaucoup, âmes ten-

dres, priez, demandez, pleurez, soupirez : mais ne manquez pas aussi d'entendre ce que vous dira le Seigneur.

Pour les âmes parfaites, elles doivent s'abandonner entièrement à son amour, et jouir doucement de la présence de leur bien-aimé. Si elles veulent parler, elles se contenteront de lui dire ces deux paroles : *Mon Dieu et mon tout*. C'est encore trop, il faut que toute chair se taise en la présence du Seigneur.

Ceux qui n'ont pas de facilité à s'entretenir avec Notre-Seigneur, pourront s'aider des mêmes considérations que nous avons proposées avant la communion, en changeant le temps à venir au présent, et disant : Voilà celui qui est né dans une étable. Arrêtez-vous là. Voilà celui qui est mort sur une croix. Arrêtez-vous et produisez des actes d'amour, de reconnaissance, et ainsi du reste. Vous pouvez aussi parcourir les litanies du saint nom de Jésus, de la manière que nous enseignerons à la fin de cette considération.

XXI. — Il faut s'entretenir quelque temps avec Notre-Seigneur.

Il y en a qui font leur enfer d'être avec Dieu. leur plus grand tourment est d'être en sa présence ; ils s'enfuient dès lors qu'il est entré chez eux, et lui tournent le dos pour s'entretenir avec les créatures. A la vérité c'est là une incivilité sans exemple. Vous ne sauriez que lui dire? Laissez-le parler. Vous ne pouvez aimer? Ne pouvez-vous pas vous humilier? Demeurez à ses pieds comme la Magdeleine, et priez tous les saints de le remercier pour vous. Récitez du moins quelques oraisons vocales, et faites à votre hôte la meilleure chère que vous pourrez.

Aussitôt que Judas eut communié, Satan entra dans son corps, et l'obligea de se retirer : d'autant, dit saint Cyrille d'Alexandrie, qu'il appréhendait que le Fils de Dieu, par sa présence, ne touchât le cœur de ce misérable, et ne lui donnât quelque sentiment de douleur. Tandis que je suis au monde, dit-il, je suis la lumière du monde. Tandis qu'il est dans une âme, n'est-il pas le soleil de cette âme? il est impossible d'être modestement en sa présence sans sentir quelque rayon de sa grâce et de son amour. Ah! vous vous enfuyez, Caïn; tous les objets que vous rencontrerez vous donneront la mort.

XXII. — Visite du Saint Sacrement.]

On se plaît en la compagnie de ceux qu'on aime. Le Fils de Dieu fait ses délices d'être avec vous : faites-vous les vôtres d'être avec lui ? Lui rendez-vous [tous les jours quelque visite ? Il est demeuré sur la terre pour vous conseiller dans vos doutes, pour vous consoler dans vos peines, pour vous fortifier dans vos faiblesses, pour vous soutenir dans vos tentations. Croyez-vous qu'il soit sur nos autels ? Pouvez-vous le croire et l'abandonner.

Il y en a qui dans les visites du saint Sacrement, le considèrent chaque jour dans un festin ou il s'est trouvé sur la terre. Le lundi aux noces de Cana, avec sa sainte Mère. Le mardi chez Simon avec les Publicains. Le mercredi au désert avec les anges. Le jeudi dans le Cénacle avec ses apôtres, ou chez le Lazare avec Marthe et Madeleine. Le vendredi sur la croix avec les voleurs, où il est abreuvé de fiel et de vinaigre. Le samedi dans le château d'Emaüs avec deux de ses disciples. Le dimanche dans la salle après sa résurrection, et sur le rivage avec ses Apôtres.

XXIII. — Diverses dévotions en visitant le saint Sacrement.

D'autres le considèrent dans le saint Sacrement sous divers titres. Le dimanche comme Roi. Le lundi comme Père. Le mardi comme Ami. Le mercredi comme Médecin. Le jeudi comme Époux. Le vendredi comme Rédempteur. Le samedi comme Conquérant, Vainqueur des démons, et Glorificateur. Il faut produire des actes de Foi, d'Espérance, d'Amour, de Confiance, de Remercîment, etc., conformément à la disposition où l'on se trouve et à la qualité qu'on considère. Ceux qui communient tous les jours peuvent le recevoir chaque jour en l'une de ces manières.

D'autres enfin se le proposent dans le cours de sa passion, dont ce sacrement est la représentation. Le lundi dans le jardin des Olives, combattant, et vous invitant à combattre avec lui. Le mardi chez Anne et chez Caïphe, souffrant des injures, et vous exhortant à souffrir comme lui. Le mercredi chez Hérode et avec Barabbas, traité de fou et de scélérat, vous enseignant qu'il faut être méprisé comme lui. Le jeudi en la flagellation et en son couronnement, vous disant qu'il faut être déchiré et maltraité comme lui. Le vendredi portant sa croix et mourant sur le Calvaire, et vous priant de la porter avec lui et de mourir comme lui. Le samedi dans le tombeau et dans les Limbes, vous exhortant à y descendre après lui. Le dimanche, ressuscité dans la Galilée, ou dans le Ciel, vous promettant de vous faire régner avec lui.

Examinez-vous sur toutes vos dévotions, et voyez si vous vous en acquittez comme il faut.

VIIe CONSIDÉRATION.

RÉFLEXIONS AFFECTUEUSES SUR LES LITANIES DU
SAINT NOM DE JÉSUS, POUR SERVIR D'OCCUPATION
A L'AME FIDÈLE AVANT ET APRÈS LA COM-
MUNION.

Il faut s'arrêter à chaque verset, comme l'abeille sur une fleur, et en tirer le miel de la dévotion. Quand on se sent touché, il ne faut point passer outre.

> *Jesu Fili Dei vivi.*
> *Jesu splendor Patris, etc.*
> Jésus Fils du Dieu vivant.
> Jésus splendeur du Père, etc.

Je vous adore, mon Seigneur Jésus, je crois que vous êtes le Fils de Dieu vivant, qui êtes venu au monde pour me sauver, et qui allez entrer (ou) qui êtes entré dans mon âme pour la nourrir et pour la vivifier. J'espère que vous

me communiquerez les effets de ces deux avéne-
ments, sauvant mon âme et lui donnant votre
vie.

O Jésus Fils de Dieu vivant ! Comment pouvez-vous quitter votre trône pour descendre sur
un fumier ? Comment pouvez-vous sortir du sein
de votre Père, pour entrer dans le cœur d'une
créature si abominable ? O que je vous suis
obligé d'un si grand bienfait. Que ferai-je, ou
que dirai-je pour vous remercier ? Je ne puis
rien faire qui vous soit plus agréable, que de
vous offrir ce cœur que vous aimez tant et qui
vous aime si peu. O Jésus ! purifiez-le par votre
grâce, échauffez-le par votre bonté, sanctifiez-le
par votre esprit, consacrez-le par votre présence, transformez-le par votre vertu, possédez-
le par votre amour, dans le temps et dans l'é-
ternité. Ainsi soit-il.

Jesu rex gloriæ.
Jésus roi de gloire.

Un roi venir voir son esclave, un roi de gloire
visiter un esclave d'iniquité : O Roi de gloire,
que vous êtes admirable dans le ciel, mais que
vous êtes aimable sur la terre ! Je vous choisis
pour mon roi, et je vous élève sur mon cœur
comme sur le trône de votre empire. O que je

suis marri de vous avoir tant de fois trahi, méprisé, abandonné et chassé de votre royaume.
Hélas ! c'est le démon qui a régné jusqu'à présent dans mon cœur. O Jésus ! je n'aurai plus
désormais d'autre roi que vous ; vous régnerez
uniquement dans mon corps et dans mon âme,
dans mon esprit et dans ma volonté ; rien ne
remuera dans tout votre empire que par les ordres et par les mouvements de votre esprit. O
mon Dieu et mon roi ! que votre volonté soit
faite et non la mienne. Vous avez été couronné de gloire après avoir été couronné d'ignominies ; je veux avoir part à vos ignominies.
pour avoir part un jour à votre gloire.

Jesu sol justitiæ.
Jésus soleil de justice.

Représentez-vous Notre-Seigneur comme un
beau soleil qui est au milieu de votre cœur.
Adorez-le avec toute la soumission de votre
âme. Réjouissez-vous de posséder et renfermer
le Soleil du Paradis, le Principe de toutes les
lumières, la Source de toutes les grâces, le Créateur et le Conservateur de tous les êtres. Dites-
lui :

O Jésus mon soleil ! qui vous a détaché de la
sphère du firmament, pour vous plonger dans

un cloaque d'ordure et d'impureté ? O splendeur du Père ! qui vous a couvert de ce nuage ? O roi des astres ! qui vous a dépouillé de votre gloire ? C'est votre amour qui a fait cette merveille ; il vous a mis un voile sur le visage, comme il fit autrefois sur celui de Moïse, pour vous rendre accessible à vos frères.

O soleil de lumière ! dissipez mes ténèbres. O soleil de grâce ! effacez mes péchés. O soleil d'amour ! embrasez-moi du feu de votre charité. O soleil de justice ! faites-moi miséricorde, rendez-moi juste et innocent devant vos yeux. Hélas ! me voilà en la présence du soleil, et je suis plongé dans les ténèbres ; me voici dans une fournaise d'amour, et mon cœur est plus froid que la glace. Beau soleil, éclairez-moi ; beau soleil, échauffez-moi ; beau soleil, réjouissez-moi, consolez-moi, vivifiez-moi.

Jesu fili Mariæ Virginis.
Jésus Fils de la Vierge Marie.

O voilà mon Dieu et mon Sauveur ! Je tiens entre mes bras celui que la sainte Vierge a revêtu de sa chair virginale, celui qu'elle a porté neuf mois dans ses chastes entrailles, celui qu'elle a conçu du Saint-Esprit et qu'elle a enfanté dans une crèche. Voici celui qu'elle a porté entre ses bras, qu'elle a nourri de son lait virginal, qu'elle a élevé avec tant de soin, qu'elle a sacrifié avec tant d'amour, qu'elle a vu mourir avec tant de douleur.

O Jésus Fils de la Vierge Marie ! communiquez-moi votre pureté virginale ; faites couler votre sang dans mes veines et purifiez la masse du mien. Je suis votre petit serviteur, et le fils de votre servante. O ne perdez pas un enfant de votre mère. Vierge sainte, remerciez votre Fils pour moi, et obtenez-moi la grâce de mourir entre ses bras, et entre les vôtres, comme est mort votre époux saint Joseph.

Jesu admirabilis.
Jésus admirable.

Mon Dieu, mon Seigneur, que votre nom est grand et admirable par toute la terre ! Qu'est-ce que l'homme, que vous daigniez vous souvenir de lui ? et le fils de l'homme, que vous daigniez venir à lui ? O Jésus, que vous êtes admirable dans le ciel ! que vous êtes admirable sur la terre ! que vous êtes admirable sur la croix ! que vous êtes admirable sur nos autels !

O festin admirable ! où l'on reçoit Jésus-Christ, où l'on rappelle et où l'on conserve le souvenir de sa passion ; où l'âme est remplie de grâce, et où elle reçoit des gages de son salut.

Jesu Deus fortis.
Jésus Dieu fort.

Est-il donc croyable que Dieu veuille converser avec les hommes ; qu'il daigne se rendre leur nourriture et demeurer dans leurs cœurs ? Est-il possible que la grandeur veuille s'unir à la bassesse ? la puissance à l'infirmité ? et la sainteté à la malice ? O Jésus mon Sauveur ! je crois que vous m'avez créé de vos mains et racheté de votre sang. J'adore ces sacrées plaies que vous avez reçues pour mon amour. Ah ! je vois votre cœur par ces grandes ouvertures, et votre divinité par ces brèches sanglantes qu'on a faites à votre humanité. Permettez-moi de les toucher avec un de vos disciples, afin que je puisse dire comme lui : *Mon Seigneur et mon Dieu !*

Non-seulement je les puis toucher, mais encore les baiser à mon aise. Je puis mettre ma bouche sur la plaie de votre cœur, et en tirer un suc d'amour et un esprit de vie. Voici mon Dieu et mon Sauveur ; qu'est-ce que j'ai à craindre, et que ne dois-je point espérer ?

O Jésus, mon Seigneur ! souvenez-vous que vous êtes mon Dieu et que je suis votre créature, que vous êtes ma force et que je ne suis que faiblesse, que vous êtes ma sainteté et que je ne suis que malice. Unissez votre force à mon infirmité, votre sainteté à ma méchante volonté,

et je deviendrai saint comme vous et tout-puissant comme vous. Combattez mes ennemis et les
vôtres, rendez-moi victorieux de mes passions :
car ce n'est pas mon bras ni ma valeur, mais la
force de Jésus qui me rendra vainqueur.

Jesu pater futuri sæculi.
Jésus père du siècle futur.

O Roi des siècles, immortel et invisible ! A
vous Jésus mon unique Sauveur, soit honneur
et gloire dans les siècles des siècles, *Amen.* Vous
êtes le père de tous les siècles : mais principalement de celui que nous espérons et que nous
attendons après notre mort. C'est à ceux qui
mangent votre corps et qui boivent votre sang,
que vous l'avez promis. O Jésus ! souvenez-vous
de votre promesse, et ne permettez pas que
nous soyons divisés après la mort , ayant été si
bien unis pendant la vie.

Jesu magni consilii angele.
Jésus l'ange du grand conseil.

Puisque vous êtes la sagesse incréée de Dieu,
c'est à vous à nous instruire et à nous donner
conseil. Parlez, Seigneur, car votre serviteur
écoute ; que désirez vous de moi ! Ange du grand
conseil, vous savez les peines et les doutes de

mon esprit. Consolez-moi dans mes peines, ins-
truisez-moi dans mes doutes, dirigez-moi dans
tous mes desseins : car il n'y a point d'homme
qui soit maître de ses voies, et qui puisse aller à
vous, sinon par vous.

Jesu potentissime.
Jésus très-puissant.

Dieu tout-puissant et miséricordieux, qui
montrez votre puissance à faire miséricorde,
pardonnez-moi tous mes péchés, et m'accordez
votre grâce, que je vous demande avec humilité. Quelle gloire serait-ce à votre toute-puis-
sance d'écraser un ver de terre ? Mais elle écla-
tera infiniment, souffrant et oubliant les outra-
ges que lui fait la dernière des créatures. Ce
vous est une chose plus honorable d'être des-
cendu du ciel que d'y être monté, et de sauver
les pécheurs que de les condamner. O Jésus
tout-puissant ! montrez votre force à me pardonner et à me sauver. Car c'est le dernier effet
de votre puissance de faire grâce au plus méchant et au plus ingrat de tous les pécheurs.

Jesu patientissime.
Jésus très-patient.

Admirez la charité et la patience infinie de

votre Sauveur, de se donner à vous après tant d'injures que vous lui avez faites et tant d'infidélités que vous avez commises.

O Jésus très-doux et très-patient! je ne veux point d'autre preuve de votre bonté que la patience que vous avez à me souffrir à votre table. Que d'égarements en mon esprit! Que de froideurs en ma volonté! Que de tumulte en mes passions! Que de légèretés et d'immodesties en toutes mes puissances! Excusez mes faiblesses, ô Dieu de force! Echauffez mes froideurs, ô Dieu d'amour! Pardonnez-moi mes péchés, ô Dieu de miséricorde! Supportez mes défauts, ô Dieu de patience! Et en reconnaissance d'un si grand bienfait, je tâcherai aujourd'hui d'imiter votre patience et de supporter avec douceur tous les défauts de mon prochain.

Jesu obedientissime.
Jésus très-obéissant.

O Jésus obéissant jusqu'à la mort, et jusqu'à la mort de la croix! c'est l'obéissance qui vous a fait descendre en terre et monter sur une croix. C'est l'obéissance qui vous fait encore tous les jours descendre sur nos autels et entrer dans nos cœurs. Vous obéissez à la voix du prêtre, et vous ne manquez pas d'un moment à faire ce qu'il désire.

O merveille étonnante! Dieu obéit à la voix de l'homme, et l'homme ne veut point obéir à la voix de Dieu. O Jésus très-obéissant! que j'ai de confusion d'avoir résisté si longtemps à vos volontés. Je veux désormais vous obéir fidèlement, et à toutes les créatures pour l'amour de vous, jusqu'à la mort et à la mort de la croix.

Jesu mitis et humilis corde.
Jésus doux et humble de cœur.

Voilà ce qui me fait approcher de vos autels avec confiance. Vous n'êtes point en ce sacrement un juge sévère et un monarque impérieux, mais un agneau très-doux et un pasteur très-humble de cœur.

O Jésus le plus doux et le plus humble de tous les hommes, comment pouvez-vous souffrir le plus fier et le plus insolent de tous les pécheurs? Je ne veux point d'autre témoignage de votre douceur, que la bonté que vous avez de me faire manger à votre table. O rendez moi doux et humble de cœur comme vous, et ne souffrez pas que je vive en loup. mangeant si souvent la chair d'un agneau.

Jesu amator castitatis.
Jésus amateur de la chasteté.

Vous l'aimez, et vous nous la communiquez par ce divin sacrement. C'est pour guérir les plaies que le péché d'Adam a faites à notre chair, et pour apaiser les ardeurs de la concupiscence, que vous nous donnez votre chair à manger. Votre corps virginal rend vierges ceux qui le touchent et qui le mangent, et votre sang très-pur coulant dans nos veines, purifie la masse et la corruption de notre sang.

O qui oserait approcher de votre table, s'il n'était persuadé de cette vérité! ô que je vous suis obligé de m'avoir donné un si puissant remède! Je le confesse, Seigneur, à votre gloire, que si je ne suis point combattu de ces tentations, c'est à votre sacré corps que j'en suis redevable. Mêlez donc votre sang avec le mien; faites une chair de la mienne et de la vôtre, et je vivrai dans la chair, comme si je n'avais point de chair.

Jesu amor noster.
Jésus notre amour.

Savourez ces deux mots, âme dévote : le pouvez-vous prononcer avec vérité? Est-ce Jésus qui est votre amour? n'est-ce pas plutôt l'objet de votre aversion, ou du moins de votre crainte?

O Jésus, mon amour! puisque vous m'avez si tendrement aimé, j'ai droit de vous nommer mon amour, encore bien que je ne vous aime point. Vous êtes mon amour dans le ciel et sur la terre; vous l'êtes en ce divin sacrement, car c'est l'amour qui vous fait prendre cette forme : c'est pour contenter votre amour que vous l'avez institué ; c'est pour gagner nos cœurs et pour les embraser de votre amour que vous vous laissez manger.

O quelle joie pour moi de vous posséder, mon Dieu, mon amour ! ô que j'ai de désir de m'unir à vous, et de me transformer en vous! Embrasez-moi de votre amour, beauté toujours nouvelle et toujours ancienne. Ne souffrez plus que mon cœur s'attache d'affection à aucune créature. Vous serez désormais mon amour, ô Jésus ! vous serez mon unique amour.

Jesu Deus pacis.
Jésus Dieu de paix.

Mon cœur a cherché la paix dans les créatures, et ne l'a pu trouver; parce qu'il n'y a que vous, mon Créateur, qui la lui puissiez donner.

O Jésus, mon médiateur ! je crois que vous êtes un Dieu de paix, le centre et le principe de la paix. C'est vous qui avez pacifié le ciel et la terre, et qui avez réconcilié les hommes avec Dieu votre Père. O que mon cœur est agité de troubles ! que de tempêtes dans mon esprit ! que de vents et que d'orages dans mes passions ! Dites un mot, Seigneur, et aussitôt les vents se tairont, et les tempêtes s'apaiseront. Il se fera un calme extraordinaire en mon âme.

Vous avez ordonné à vos disciples de dire, entrant dans une maison : La paix soit dans cette maison, avec promesse qu'elle y demeurerait s'il s'y trouvait un enfant de paix. O Jésus, je ne suis point digne que vous entriez dans ma maison ; mais enfin vous y voilà. Dites donc en entrant : La paix soit ici, et toutes mes puissances seront en paix. Commandez à mes passions de se taire, et aussitôt elles vous obéiront.

Jesu auctor vitæ.
Jésus auteur de la vie.

J'étais mort et vous m'avez rendu la vie. Vous avez pris la forme de pain pour la nourrir et pour la conserver.

O je vous remercie, père charitable, de cette inestimable faveur. Où est le pasteur qui donne à ses brebis sa chair à manger et son sang à boire ? Jésus auteur de ma vie, vous avez promis à ceux qui vous mangeraient, qu'ils vivraient pour votre Père : accomplissez donc votre promesse, et puisque je vous ai mangé, communiquez-moi votre vie. O mon père et ma vie ! conservez la vie que vous avez dans moi, ne souffrez pas que je vous l'ôte par un péché mortel. Ne permettez pas que je sois plus de trois jours sans manger ce pain céleste, de peur que je ne tombe en défaillance, et que je meure en chemin faute de nourriture.

Jesu exemplar virtutum.
Jésus l'exemplaire des vertus.

Mon âme est ravie quand elle considère les vertus que vous pratiquez, et que vous lui enseignez en ce divin sacrement. Quelle douceur, quelle charité, quelle libéralité, quelle miséricorde, quelle patience, quelle humilité, quelle pauvreté, quel anéantissement !

O Jésus ! vous êtes le Dieu des vertus. Vous nous faites pratiquer par votre grâce ce que vous nous enseignez par vos exemples. Imprimez-vous comme un cachet sur mon cœur, et me rendez une parfaite expression de votre vie. Les aliments communiquent leurs qualités à

ceux qui les mangent : eh ! comment se peut-
il faire que mangeant le Dieu des vertus, je ne
sois composé que de vices? Vous êtes l'exemplaire de toutes les vertus, et je suis l'exemplaire de tous les vices. Ah, Seigneur ! effacez
de mon âme cette image de Satan, et rendez-lui
la vôtre. Détruisez mon iniquité, et donnez-moi
votre sainteté.

Jesu zelator animarum.
Jésus zélateur des âmes.

Si vous avez tant de zèle pour le salut de
mon âme, quel sujet ai-je, mon Sauveur, de me
défier de vous, de vous fuir et de vous appréhender? Je suis pécheur, il est vrai : mais n'est-
ce pas pour les pécheurs que vous êtes venu au
monde? n'est-ce pas pour les sauver que vous
êtes monté sur une croix? n'avez-vous pas
mangé avec eux? n'avez-vous pas pris plaisir à
converser avec eux ? que n'avez-vous point fait
pour gagner une Samaritaine ?

O Jésus le grand zélateur de nos âmes ! voici
la mienne que je vous présente, et que je vous
donne pour jamais. C'est une brebis qui a été
longtemps égarée. Hélas ! où est-ce que vous ne
l'avez point été chercher ? Mettez-la sur vos
épaules, ô bon Pasteur ! rapportez-la dans votre

bergerie. Faites un festin à vos amis. Ordonnez à vos anges de s'en réjouir. Conservez mon âme qui vous est si chère, et ne laissez pas perdre ce que vous avez aimé plus que votre vie.

Jesu Deus noster.
Jésus notre Dieu.

Mon Dieu et mon Seigneur, qu'est-ce que je cherche au monde, et que puis-je désirer après vous? Mon Dieu et mon tout, que je m'estime heureux de vous tenir entre mes bras, et de vous faire reposer dans mon cœur. C'est maintenant, Seigneur, que vous laissez mourir en paix votre serviteur selon votre parole, puisque mes yeux ont vu le Sauveur que vous nous donnez, puisqu ma bouche l'a baisé, puisque mes bras l'ont porté, puisque mon cœur l'a reçu et embrassé. Je crois que vous êtes mon Dieu et mon unique Sauveur; et puisque vous vous donnez à moi si libéralement en cette vie, j'espère que vous vous donnerez à moi après la mort.

Jesu refugium nostrum.
Jésus notre refuge.

Pressé de misères, accablé de travaux, assailli de démons, tourmenté de tentations continuelles, trahi de mes amis, persécuté de mes ennemis, abandonné de tout secours humain, poursuivi même de la justice de Dieu votre Père, je m'adresse à vous, ô bon Jésus, comme à mon unique refuge ; je me jette entre vos bras, je me sauve dans votre cœur comme dans l'asile des misérables.

O Seigneur ! vous avez préparé un festin devant mes yeux, contre ceux qui m'affligent. Aussi quand je marcherais au milieu de l'ombre de la mort, et quand je me verrais environné du camp de mes ennemis, je ne craindrais aucun mal, parce que vous êtes avec moi, et que je suis avec vous, mon Dieu et mon unique refuge.

Jesu pater pauperum.
Jesu thesaurus fidelium.
Jésus père des pauvres.
Jésus trésor des fidèles.

Si vous êtes le père des pauvres, je puis me qualifier votre enfant, puisque je suis le plus pauvre de tous les hommes. O mon Père et mon Dieu ! que votre nom soit sanctifié ; que votre royaume nous arrive ; que votre volonté soit faite dans la terre comme au ciel. Donnez-nous aujourd'hui notre pain de chaque jour, qui est votre sacré corps, la nourriture de nos âmes, et le trésor des pauvres.

O quel pain ! ô quel trésor ! je ne suis plus pauvre, mais infiniment riche, puisque je possède le trésor du Paradis. O Seigneur Jésus ! enrichissez ma pauvreté du trésor de vos grâces et de vos mérites. Donnez-moi votre saint amour, et je suis content ; si je le possède je suis trop riche, je ne demande plus rien après lui.

Jesu bone Pastor.
Jésus le bon Pasteur.

O véritablement vous êtes le bon Pasteur, puisque vous donnez votre âme et votre vie pour vos brebis. Que j'ai de plaisir à ruminer, et à vous adresser ces paroles de votre sainte Église : *O bon Pasteur ! pain véritable ! Jésus, ayez pitié de nous. Nourrissez-nous, défendez-nous, faites-nous voir les biens célestes dans la terre des vivants. Vous qui savez et qui pouvez tout, qui nous nourrissez en cette vie mortelle, faites-nous manger à votre table au Ciel, et nous rendez participants de la félicité des saints.*

Jesu lux vera.
Jesu sapientia æterna.
Jésus la véritable lumière.
Jésus la sagesse éternelle.

Je vous salue, ô lumière incréée, qui faites

le beau jour de l'éternité : je vous salue, ô Sagesse éternelle, qui remplissez l'esprit des saints de splendeurs infinies. Que je suis heureux de vous avoir et de vous renfermer dans mon cœur ! O lumière véritable ! c'est vous qui éclairez tous les hommes qui viennent au monde : éclairez-moi donc de vos connaissances, et me faites voir la vanité des créatures. O Sagesse éternelle ! c'est vous qui gouvernez l'univers : Gouvernez donc le petit monde de mon âme et de mon corps, et ne m'abandonnez jamais à ma propre conduite.

Jesu bonitas infinita.
Jésus bonté infinie.

Il faut bien que votre bonté soit infinie, pour pardonner des péchés infinis, pour triompher de mes ingratitudes qui sont infinies, par la profusion d'une infinité de grâces. Ma malice, Seigneur, si grande qu'elle soit, n'égalera jamais votre miséricorde : car ma malice est humaine, et votre bonté est divine : ma malice est finie, et votre bonté est infinie. Oh ! j'en suis convaincu par la grâce que vous me faites de vous donner à moi. Ne faut-il pas une bonté extrême pour se donner en nourriture au plus grand des pécheurs ? *O chose tout à fait admi-*
7

rable! le pauvre et l'humble serviteur reçoit et mange son Seigneur.

Jesu via et vita nostra.
Jésus notre voie et notre vie.

Puisque vous êtes ma voie, ô Jésus, conduisez-moi. Puisque vous êtes ma vie, ô Jésus, animez-moi. Vous êtes la voie par où je dois marcher. Vous êtes la vie que je dois aimer. Vous êtes la voie pour mon esprit. Vous êtes la vie pour mon cœur. Si je ne vous suis, je quitterai la voie du salut. Si je ne vous mange, je perdrai la vie de la grâce, puisque vous nous assurez que si nous ne mangeons votre chair, et si nous ne buvons votre sang, nous n'aurons point la vie dans nous.

Jesu gaudium angelorum, etc.
Jésus la joie des anges, etc.

O la joie des hommes et des anges! d'où vient que mon cœur est si triste et qu'il se consume de chagrin ? C'est qu'il aime sans doute quelqu'autre chose que vous.

O maître des Apôtres, et docteur des Évangélistes! d'où vient que je suis si ignorant et si stupide ? C'est que je ne suis point votre disciple ; c'est que je ne crois point votre Évangile ;

c'est que je n'écoute point votre parole; c'est que je n'imite point vos exemples.

O force des martyrs! donnez-moi la grâce de triompher des tyrans qui me veulent faire renoncer la foi et abandonn r votre service.

O lumière des confesseurs! dissipez les ténèbres de mon infidélité; et si je ne puis être martyr pour vous, que je sois du moins votre confesseur.

O pureté des vierges! purifiez, consacrez, et sanctifiez mon âme et mon corps.

O couronne de tous les saints! je vous loue, je vous adore, je vous bénis, je vous remercie de ce que vous voulez que je sois du nombre des saints. Vous êtes ma gloire en cette vie, et vous serez éternellement ma couronne en l'autre.

Agneau de Dieu qui ôtez les péchés du monde, pardonnez-moi ceux que j'ai commis.

Agneau de Dieu qui portez les péchés du monde, portez les miens, et apaisez la colère de votre Père justement irrité contre moi.

Agneau de Dieu qui remettez les péchés du monde, pardonnez-nous nos offenses, comme nous pardonnons à ceux qui nous ont offensés.

Jésus, écoutez-nous.

Jésus, exaucez-nous.

VIIIe CONSIDÉRATION.

DE L'ÉTAT DE VIE QU'ON A CHOISI, OU QU'ON VEUT EMBRASSER.

———

I. — Combien il importe d'être en l'état où Dieu nous veut.

Après avoir admiré le bel ordre de l'univers et la sage économie de la divine Providence, persuadez-vous que c'est Dieu qui a créé cette grande variété d'états, d'offices et de conditions que nous voyons sur la terre, pour unir tous les hommes par les liens de la nécessité et de la dépendance ; pour les élever à la connaissance de leur principe par cette multitude d'emplois ; pour leur découvrir la grandeur de sa maison et les trésors de sa magnificence. Car c'est par la multiplicité des êtres qu'on arrive à l'unité de l'être, et par le cours des ruisseaux que l'esprit remonte leur source.

La reine de Saba vit quantité de choses très-belles et très-magnifiques dans le palais de Sa-

lomon ; mais ce qui la ravit, fut la multitude de
ses officiers et le bel ordre de sa cour. Il n'y
a point d'esprit raisonnable qui ne soit saisi d'é-
tonnement lorsqu'il considère cette grande multitude de créatures qui composent la cour du
Roi du ciel, quand il voit leurs richesses, leur
beauté, leur emploi, leurs fonctions, leur ordre,
leur disposition et leur industrie : mais il n'en
faut pas demeurer là. Pour profiter de cette
connaissance, il faut encore nous persuader que
Dieu, qui fait tout avec poids, nombre et me-
sure, comme parle le Sage, nous a de toute
éternité marqué et destiné un emploi dans le
monde, où il veut que nous lui rendions service ; qu'il y a attaché notre repos et notre salut ; notre repos, parce que chaque chose est
en paix quand elle est en sa place ; notre salut,
d'autant que les grâces qui nous sont nécessaires, et qui sont, pour ainsi parler, nos gages et
nos appointements, suivent l'état, le lieu et l'office où Dieu nous met.

Si l'Église est un bâtiment, tous les fidèles en
sont les pierres. Si c'est une armée, tous les
fidèles en sont les soldats. Si c'est un corps,
tous les fidèles en sont les membres. Les pierres
d'un édifice, les soldats d'une armée, les membres d'un corps ont tous leur place et leur emploi, hors duquel ils sont inutiles.

Et pour nous arrêter à la similitude du corps humain, dont saint Paul se sert si souvent ; qu'y a -t il de plus misérable qu'un bras disloqué, et qui est hors de sa place ? Il sent beaucoup de douleur : il devient infirme et languissant ; il ne profite plus de la nourriture : celle qui lui donnerait la vie s'il était dans sa situation naturelle, lui donne la mort quand il n'y est pas.

Voilà ce qui arrive à une âme qui n'est point au lieu et en l'état où Dieu la veut. Elle est dans des peines et dans des agitations continuelles : elle ne reçoit plus les grâces qui lui étaient préparées, et qui étaient attachées à son emploi : elle ne profite pas même de celles qu'elle reçoit, mais elle les rejette, ou elle en abuse. Elle sent incessamment le poids de la justice de Dieu qui pèse sur elle de toute sa force pour la redresser et pour la remettre dans l'ordre : car tout ce qui sort des voies de la bonté de Dieu, n'y rentre que par les rigueurs de sa justice ; et tout ce qui est défectueux en son action, n'est corrigé ni réparé que par la souffrance, comme dit trèsbien l'Ange de l'École.

Jonas est battu de tempêtes, et jeté dans la mer pour s'être égaré de la conduite de Dieu. C'est là l'image d'une âme qui s'écarte des voies de la divine Providence pour suivre ses propres

volontés. Elle est battue de continuelles tentations ; Dieu ne la laisse jamais en repos : elle
trouble toutes les maisons et toutes les communautés où elle demeure, et on est enfin
obligé de la jeter dans la mer, où elle fait un
triste naufrage. O mon Dieu ! vous êtes droit,
juste et équitable ; vous ne laissez jamais en
paix celui qui trouble vos ordres. Vous l'avez
ordonné, et il est ainsi, qu'une âme déréglée
porte son enfer et son supplice avec soi. C'est
ce que dit saint Augustin.

Au contraire, qu'un homme est heureux qui
fait bien son devoir, et suit fidèlement l'ordre
qui lui est marqué par la divine Providence ! Il
jouit d'une profonde paix ; il est sous la protection du Prince de l'ordre ; il reçoit des grâces
en abondance : grâces qui le nourrissent, grâces qui le fortifient, grâces qui le font croître
en vertu, grâces qui le conduisent à la perfection : d'autant que cette nourriture lui est propre, et conforme à la disposition de son âme.
Comme il est fidèle à la loi, la loi lui est fidèle
aussi. Comme il garde l'ordre, l'ordre le garde,
le défend et le protége. Mon Dieu, dit David,
que ceux qui aiment votre loi sont heureux !
qu'ils jouissent d'une profonde paix ! Ils ne
trouvent rien en leur chemin qui les fasse tomber, ou qui leur soit une pierre de scandale.

III. — Comme il faut choisir un état.

Après avoir considéré cette vérité, faites réflexion sur vous-même, et voyez en quel état vous êtes. Êtes-vous engagé? Ne l'êtes vous point encore? Si vous êtes libre, et que vous n'ayez point encore choisi d'état, priez Dieu de vous faire connaître celui où il vous veut. Écoutez ce qu'il vous dira après la communion et pendant cette retraite. Voyez où se porte votre inclination quand votre cœur est en paix, et qu'il n'est point agité de passion. La raison est une lumière divine, et une inspiration naturelle qui ne trompe jamais ceux qui la suivent, principalement quand elle est dirigée par la foi.

Considérez encore la fin pour laquelle Dieu vous a mis au monde, qui est pour lui procurer de la gloire, et pour vous sauver. Voyez de tous les états celui qui vous fournit des moyens plus avantageux pour arriver à cette fin. Examinez votre humeur, votre complexion, vos talents, vos forces, vos inclinations, vos habitudes, les mouvements de votre cœur, les attraits de la grâce, les inspirations du Saint-Esprit.

Voyez ce que vous voudriez avoir fait à la mort, et ce que vous conseilleriez à votre ami s'il était à votre place. Et d'autant qu'il est difficile de discerner les mouvements de la nature et de la grâce; que le démon se transfigure souvent en ange de lumière; que nul n'est bon juge en sa propre cause, et qu'il y a danger que vous n'écoutiez trop les sentiments de l'amour-propre, pour procéder avec sagesse en une affaire de telle conséquence, le plus sûr est de prendre avis d'un sage et habile directeur, de lui communiquer tous les sentiments de votre âme, et de vous tenir à la résolution qu'il vous donnera, vous persuadant que Dieu ne permettra jamais qu'il vous trompe quand vous traiterez sincèrement avec lui, et que c'est par son organe qu'il vous déclarera ses volontés.

III. — Ce que doivent faire ceux qui sont engagés.

Que si vous êtes engagé dans un état de vie, voyez comme vous y êtes entré. Est-ce par passion, par intérêt, par dépit, par vanité, par inconsidération, par respect humain? Avez-vous consulté Dieu? lui avez-vous demandé ses lumières? **votre** état est-il bon, est-il mauvais? S'il est bon, il faut vous y perfectionner; s'il est mauvais, il le faut quitter. Que si l'état est permanent, et que vous ne puissiez vous en défaire, il y faut demeurer, mais en état de pénitence, réparant autant que vous pourrez **la**

7.

faute que vous avez commise, et portant toutes les peines que Dieu vous y fera sentir.

Reconnaissez-vous coupable d'avoir pris parti sans le consentement de Dieu votre père et votre tuteur, au regard duquel vous serez éternellement mineur, puisque votre dépendance est essentielle. Priez-le très-humblement de vous pardonner cette faute qui jette du déréglement dans toute votre vie : car les actions suivent la nature de l'état qui les produit, comme les branches tirent le suc de la racine qui les porte. C'est une source qui répand la bénédiction ou la malédiction dans tous les lieux et dans tous les temps de la vie, selon qu'elle est pure ou corrompue.

Acceptez toutes les peines inséparables de votre déréglement, comme une pénitence juste que Dieu vous impose. Protestez que c'est pour lui que vous désirez désormais vivre dans cette condition, quelque rude et fâcheuse qu'elle puisse être. Persuadez-vous, comme nous avons dit, qu'on ne rentre dans l'ordre de la bonté que par les châtiments de la justice ; que vous ne recouvrerez la paix que par la patience, et l'innocence que par la pénitence. Que la passion supplée au défaut de l'action. Qu'il n'y a point pour vous d'autre ressource de salut que l'humilité et la souffrance. Qu'après les troubles vous trou verez la paix, et le calme après la tempête.

IV. — Pour les religieux.

Si vous êtes religieux, de quelque manière que vous soyez entré en religion, vous devez vous persuader que vous êtes bien, et que c'est là que Dieu vous veut. Le Fils de Dieu ne veut-il pas que tout le monde soit parfait comme son Père ? Ne déclare-t-il pas que le moyen de l'être est de quitter ses biens, de renoncer à soi-même, de porter sa croix, et de suivre ses exemples et ses conseils? Voilà l'état religieux. Ainsi quoique vous y soyez entré sans dessein, vous devez croire que ç'a été la volonté de Dieu, et que vous êtes dans une voie de salut et de perfection.

Faites donc de nécessité vertu. Embrassez cet état si contraire qu'il soit à vos inclinations. Chargez sur vos épaules le joug aimable de Jésus-Christ, et protestez que vous le voulez porter pour son amour tout le temps de votre vie. Marchez sans vous faire traîner. Faites par amour ce que vous faites par nécessité, et vous trouverez enfin des consolations que vous n'eussiez jamais osé espérer. Admirable artifice de la providence de Dieu, qui tire notre salut de notre perte, et qui nous laisse tomber dans les filets pour nous mettre en liberté. Il vous a tiré **du** monde comme il fit autrefois son peuple de l'E-gypte, sans vous faire connaître où vous alliez, et vous a fermé le passage par les eaux de la mer, pour vous empêcher d'y retourner.

Acquittez - vous donc fidèlement de votre charge, comme d'une commission que Dieu vous a donnée. Ne faites point de distinction entre les emplois particuliers de votre condition, et l'état général de votre vie. Comme il ne faut point s'en-gager dans un état où l'on n'est point appelé, il ne faut point aussi s'ingérer dans un office où l'on n'est point employé.

V. — Des états particuliers.

Les grâces ne sont pas seulement attachées à l'état de vie où Dieu nous veut, mais encore aux lieux et aux emplois particuliers qui nous sont marqués par l'obéissance. Voudriez-vous être religieux d'un ordre où Dieu ne vous a point ap-pelé ? Pourquoi voulez-vous être dans une mai-son, dans un office et dans une charge que Dieu ne vous a point donné ?

Dieu ne prédestine point les hommes en géné-ral, mais en particulier ; un tel homme, en telle charge, et en tel lieu : par conséquent vos grâ-ces sont attachées au lieu et à l'emploi qui vous a été destiné de la Providence, et qui vous est marqué par l'obéissance. Si donc vous obligez vos supérieurs à condescendre à vos volontés, si vous vous procurez des emplois conformes à vos désirs et à vos inclinations ; si vous vous attachez à une maison plutôt qu'à une autre ; si vous employez des moyens pour arriver à vos fins, et si vous détournez par le crédit de vos amis le cours ordinaire de l'obéissance, vous n'aurez point les grâces de Dieu, qui vous attendaient en un autre lieu et en un autre office ; vos travaux n'auront point sa bénédiction, et ne produiront que des ronces et des épines. Bien plus, il traversera tous vos desseins, il ruinera tous vos projets, il permettra à vos passions de se révolter, aux démons de vous tenter, aux hommes de vous persécuter. Il vous laissera tomber dans un sens réprouvé, et vous rendra misérable en ce monde et en l'autre.

VI. — Réflexion.

Faites un peu de réflexion sur ces vérités, âme religieuse. Voyez si vous êtes dans le lieu et dans l'emploi où Dieu vous veut ? Ne vous êtes-vous point procuré celui où vous êtes ? N'avez-vous point détourné le cours des grâces, et changé les desseins que les supérieurs avaient sur vous ? Dieu ne vous voulait-il pas dans une autre maison et dans un autre office? Pour qui travaillez-vous? Comment oserez-vous demander votre salaire à celui qui ne vous a point employé? Un soldat peut-il choisir le poste qu'il lui plaît, et quitter le rang qui lui est marqué par son capitaine?

N'est-il pas vrai que vous n'avez plus aucun goût dans vos oraisons, aucune satisfaction dans vos exercices de piété, aucune paix en votre conscience, aucune force dans vos tentations ? D'où vient cela ? sinon de ce que vous n'êtes pas en votre place, et de ce que vous ne faites pas ce que vous devez faire ? Vous vous êtes poussé dans cette charge ; vous vous êtes ingéré dans cet office ; vous avez obligé vos supérieurs à changer la disposition qu'ils avaient faite de vous, et de condescendre à votre volonté. Voyez et ressentez à présent combien c'est une chose mauvaise et amère de s'être soustrait de la conduite de Dieu, et de s'être abandonné à ses passions déréglées.

Il y a des gens raisonnables qui ne veulent que ce qui est juste : mais ils le veulent avec empressement de cœur et d'esprit. Ils veulent la raison sans raison, parce qu'ils la veulent avec passion.

Voulez-vous vivre dans la paix, et vous attirer les bénédictions du Ciel ? Ne demandez rien, et ne refusez rien ; abandonnez-vous à la providence de Dieu ; laissez-vous conduire à l'obéissance ; reposez-vous sur vos supérieurs. Comme vous n'êtes en religion que pour servir Dieu, persuadez-vous que vous ne lui rendrez aucun service qui lui soit agréable, si vous n'êtes où il veut, et si vous ne faites ce qu'il désire.

Appréhendez, âme religieuse, de vous égarer des voies de Dieu. O qu'elles sont belles ! qu'elles sont douces ! qu'elles sont saintes ! qu'elles sont droites ! O qu'un homme est heureux, qui se fie à Dieu, et qui s'abandonne à sa conduite ! O qu'un homme est misérable, qui s'éloigne de Dieu, et qui suit le cours de ses passions ! C'est un Caïn fugitif de la divine Providence, qui s'en va tremblant par les forêts, qui ne trouve de repos nulle part, et à qui tous les objets même les plus innocents sont des plaies mortelles.

Retournez à Dieu, pauvre Sulamite ; demandez-lui pardon de vos infidélités ; reconnaissez que la cause de tous vos troubles, de toutes vos inquiétudes, de toutes vos peines, de tous vos chagrins, de tous vos péchés, de toutes vos persécutions, de toutes vos chutes et de toutes vos tentations, c'est que vous vous êtes écarté des voies de Dieu. Quoi donc, êtes-vous entré en religion pour vous rendre esclave des hommes ? Que ne demeuriez-vous dans le monde, si vous vouliez faire votre volonté? Quelle honte, de rechercher avec passion un emploi que vous eussiez laissé à vos serviteurs et à vos servantes! Quel aveuglement de croire pouvoir être en paix étant dans le désordre! Quelle misère de vivre sans consolation, banni de la présence et de la protection de Dieu! Que deviendrez-vous s'il ne vous gouverne, s'il ne vous défend, et s'il ne vous assiste? et comment le fera-t-il, si vous ne vous abandonnez pas à sa conduite?

Imitez le Roi Prophète, et reconnaissant Dieu pour votre Pasteur, dites-lui avec tendresse de cœur : « Le Seigneur me conduit, je ne manquerai de rien. Il m'a mis dans un lieu de pâturages excellents. Il m'a élevé auprès des eaux nourrissantes, et a converti mon âme. Il m'a conduit dans les sentiers de la justice, pour la gloire de son nom. Aussi quand je marcherais au milieu de l'ombre de la mort, je ne craindrais aucun mal, parce que vous êtes avec moi. Votre houlette et votre bâton m'ont bien consolé. Vous m'avez préparé un festin magnifique contre ceux qui m'affligent. Vous répandez sur ma tête une onction admirable, et vous m'enivrez de consolations, me donnant à boire dans une coupe infiniment délicieuse. Aussi j'espère que votre miséricorde

» m'accompagnera tous les jours de ma vie,
» afin que j'habite éternellement dans la maison
» du Seigneur. »

Voilà la félicité de celui qui se laisse conduire
à Notre-Seigneur, et qui se repose sur sa Providence. « C'est un arbre planté sur le bord des
» eaux courantes, qui portera son fruit en son
» temps : la feuille ne tombera point, il sera
» toujours couvert d'une belle verdure, et tout
» ce qu'il fera réussira heureusement. »

IXᵉ CONSIDÉRATION

DE L'EXERCICE DE SA CHARGE.

1. — *Qu'il faut s'acquitter fidèlement de ses emplois.*

Comme vous n'êtes point à vous, mais à Dieu, vous ne devez point travailler pour vous, mais pour Dieu. Jamais vous ne faites mieux vos affaires que lorsque vous faites celles de Dieu. Vous faites les affaires de Dieu quand vous faites votre charge, comme un emploi qu'il vous a donné, et que vous vous en acquittez avec toute la force, la vigilance et la fidélité qui vous est possible.

Ne faites point de distinction entre les affaires de Dieu et les vôtres. Vous n'avez qu'une affaire, qui est de vous sauver : votre salut est l'unique affaire de Dieu, aussi bien que la vôtre. C'est à cette affaire qu'il a pensé de toute éternité ; c'est pour cette affaire qu'il travaille dès le commencement du monde ; c'est cette affaire qui l'a fait descendre du ciel en terre, qui l'a fait naître dans une étable, et mourir sur une croix. Y pensez-vous ? ne mérite-t-elle pas bien qu'on y pense ?

Persuadez-vous que vous travaillez à l'affaire de votre salut et de votre perfection, lorsque vous vous occupez aux affaires propres de votre charge. Votre salut est attaché à l'accomplissement de la volonté de Dieu, et qui veut que vous vous acquittiez fidèlement de l'emploi qu'il vous donne. Nous sommes tous serviteurs de ce grand Maître, chacun travaille à sa vigne, chacun a reçu des talents qu'il doit faire profiter. A quoi employez-vous les vôtres ? êtes-vous prêt d'en rendre compte ?

II. — Esprits libertins et déréglés.

Il y a des gens qui veulent toujours faire ce qu'ils ne doivent pas faire, et qui ne font jamais ce qu'ils doivent faire. C'est assez pour leur donner aversion d'une chose, que de savoir qu'ils y sont obligés. Les charges leur sont des supplices, et les lois des tyrannies. Tout ce qu'ils peuvent faire, c'est de souffrir un Dieu, parce qu'ils ne peuvent pas l'empêcher d'être ; mais ils ne sauraient se soumettre à sa domination, ni à celle des hommes. Ils travaillent quand il leur plaît, et parce qu'il leur plaît ; et dès lors qu'on les y oblige, le travail leur devient un joug insupportable. Ce sont des âmes sans règles et sans discipline, sans ordre et sans lois, sans sujétion et sans obéissance, qui troublent la paix de toutes les communautés, et qui sont à charge à tout le monde. N'êtes-vous pas de ces gens-là ?

Il y en a d'autres qui veulent justement faire ce qu'ils ne sauraient faire, et qui ne font jamais ce qu'ils peuvent faire. Ils refusent les emplois pour lesquels Dieu leur a donné des talents, et recherchent avec passion ceux pour lesquels ils n'en ont point. Ils mesurent leur pouvoir sur leur désir, et non pas leur désir sur leur pouvoir. Leur passion leur fait croire qu'ils sont capables de tout, hormis de l'unique chose dont ils sont capables. Ces gens-là travaillent beaucoup, et ne gagnent rien. Ils enfouissent les talents que Dieu leur a donnés, et se rendent coupables de deux crimes : l'un, de n'avoir pas fait ce qu'ils devaient faire ; l'autre, d'avoir fait ce qu'ils ne devaient pas faire. N'êtes-vous point de ces enfants rebelles ? Laissez-vous à vos supérieurs l'entière disposition de vous-même ?

III. — Nous n'avons des talents que pour faire ce que Dieu
nous ordonne.

C'est une grande croix qu'une grande ambition. C'est une grande folie que de se croire
capable de tout. Nos forces et nos industries
sont bornées. Dieu, dit saint Paul, divise ses
grâces. Quand il nous envoie travailler à sa vigne, il nous donne justement ce qu'il nous faut.
Quand il nous met dans un emploi, il nous as-
signe un fond de grâces pour nous en acquitter
dignement. Ainsi, à proprement parler, nous
n'avons des talents que pour faire ce que Dieu
nous ordonne de faire : hors de là nous sommes
aussi peu capables de réussir, qu'un oiseau de
voler sans ailes. Otez la bénédiction de Dieu, à
quoi servent ces talents? et qui donne cette bénédiction, sinon l'obéissance ? Si vous ne réussissez pas dans votre emploi, il y a sujet de
croire que ce n'est pas celui que Dieu vous
avait destiné ; que vous vous y êtes ingéré de
vous-même ; que c'est l'ambition qui vous l'a
fait rechercher ; que c'est la faveur qui vous y
a poussé ; du moins que vous n'avez pas demandé à Dieu sa grâce et sa bénédiction, et
que vous y cherchez secrètement votre satisfaction plutôt que la sienne.

IV. — Il faut être prêt à tout faire et à ne rien faire.

Quoi qu'il en soit, il est certain que c'est là le cours ordinaire de la Providence ; et que si quelqu'un ne réussit pas dans l'emploi que Dieu lui a donné, c'est l'effet d'une conduite bien rare et bien extraordinaire. Je ne vous conseille pas de prendre ce parti, mais d'attribuer à vos péchés le mauvais succès de vos travaux. Vivez sans choix, ne vous destinez à rien, dites toujours avec ce Prophète : Seigneur, me voici, que désirez-vous de moi ? me voilà prêt à aller où il vous plaira. Heureux l'homme qui est capable de tout faire , et qui est prêt à ne rien faire ; qui se tient caché sous le boisseau, jusqu'à ce que Dieu le mette sur le chandelier. Ne vous ingérez jamais dans un emploi où vous n'êtes point appelé, et ne refusez jamais celui qui vous est donné. Vous jouirez aussi d'une paix admirable. Dieu bénira tous vos travaux, et le succès que vous aurez ne diminuera rien de votre mérite.

V. — Chacun selon sa vocation.

Le monde est une scène où chacun joue son rôle. L'un fait le capitaine, et l'autre le soldat ;

l'un le marchand, l'autre le juge ; l'un le roi, l'autre le prélat. Est-ce au prélat à faire le capitaine ? Est-ce au capitaine à faire le prélat ? Vous avez la grâce pour une fonction, et vous ne l'avez pas pour une autre. Si vous entrez en une scène à contre-temps et mal en ordre, vous y ferez une très-méchante figure. Si vous ne vous acquittez pas comme il faut de votre devoir, vous troublerez le bel ordre de l'univers, vous offenserez Dieu et les anges qui sont spectateurs de votre action, et vous vous immolerez à la risée, au mépris et à l'indignation de toutes les créatures.

VI. — Comme il faut s'en acquitter.

Faites tout ce que vous voudrez, vous ne ferez rien qui vaille, si vous ne faites ce que vous devez. Votre devoir, encore une fois, est de faire ce que Dieu veut, et de vous acquitter dignement de l'emploi qu'il vous donne. Vous vous en acquitterez comme il faut, si vous le recevez de sa main, si vous y entrez par ses ordres, si vous vous appuyez sur sa grâce, si vous lui demandez sa bénédiction, si vous n'aspirez point à un autre office, si vous travaillez gaiement, tranquillement, courageusement et constamment : gaiement, sans chagrin ; tranquillement, sans trouble ; courageusement, sans lâcheté ; constamment, sans dégoût et sans relâche. Quel est votre défaut ?

Dieu ne veut pas que tout le monde soit dans des fonctions honorables et dans des emplois éclatants. Il y en a qui sont destinés dans le corps de l'Église pour voir, comme les yeux ; d'autres pour entendre, comme les oreilles ; d'autres pour parler, comme la langue ; d'autres pour travailler, comme les bras ; d'autres pour marcher et pour porter la charge de tout le corps, comme les pieds. Otez un membre de sa place, il n'a plus ni paix, ni repos, ni vie, ni mouvement : il incommode les autres, il trouble l'harmonie de la nature, il le faut couper et retrancher. Si l'un veut être en la place d'un autre et faire son office, il est évident qu'il se perdra et ne réussira point. Êtes-vous où vous devez être ? Faites-vous ce que vous devez faire, et comme vous le devez faire ?

<h3 style="text-align:center">VII. — Il s'y faut affectionner.</h3>

Ne jugez pas que votre emploi ne vous soit pas convenable, parce qu'il ne vous agrée pas. L'inclination est à la vérité une marque de vocation, mais il faut qu'elle soit pure, tranquille, obéissante , désintéressée , dépouillée de tout

respect humain, dégagée de toute ambition. Défiez-vous d'une inclination qui est turbulente,
impétueuse, rebelle et impatiente. Si vous êtes
religieux, vous devez autant que vous pourrez
vivre sans inclination, ou soumettre celle que
vous avez à la disposition de l'obéissance. Si
vous êtes séculier, vous pouvez donner quelque chose à l'inclination, mais défiez-vous de
la passion. C'est pourquoi demandez conseil à
ceux qui vous en peuvent donner.

VIII. — Quelle est la véritable dévotion.

Ne séparez jamais le service de Dieu du devoir de votre charge. Ne croyez point qu'il soit
permis d'être à l'église quand il faut être au
palais; de prier Dieu quand il faut travailler. La
plus belle de toutes les dévotions est de faire ce
qu'on doit faire. Un travail sans prière est une
vaine occupation; une prière sans travail est
une fausse dévotion. Satisfaites à votre dévotion après avoir satisfait à votre obligation. Le
précepte est préférable au conseil, et le devoir
aux actions libres.

Voulez-vous réussir dans vos travaux? ne séparez jamais le travail de la prière. Priez avant
que de travailler, priez en travaillant, priez après
avoir travaillé. Le spirituel est au temporel ce

qu'est l'âme à son corps. Que peut faire un corps séparé de son âme? Cherchez premièrement le royaume de Dieu, et tout le reste vous sera donné. Ayez soin du principal, et l'accessoire ne vous saurait manquer.

IX. — Marques d'une pure intention.

Pour qui est-ce que vous travaillez? vos intentions sont-elles pures? En voici les marques. Si vous travaillez avec tranquillité d'esprit; si vous êtes prêt à quitter ou à poursuivre l'action que vous avez commencée; si vous aimez les empêchements aussi bien que la fin, quand ils ne dépendent point de vous; si vous êtes bien aise de voir les autres réussir mieux que vous; si vous ne faites aucune réflexion volontaire sur vous-même après l'action; si vous travaillez comme s'il n'y avait que Dieu et vous au monde; si vous êtes content de n'avoir aucun contentement sensible et naturel; si les mauvais succès ne vous abattent point et ne vous affligent point, c'est une marque que votre intention est pure.

Mais si vous travaillez avec trouble d'esprit, inquiétude et empressement; si vous vous fâchez lorsqu'on vous interrompt, qu'on vous traverse, ou que vous ne réussissez pas; si vous sentez

et témoignez de la douleur lorsque les autres
prennent l'essor au-dessus de vous ; lorsqu'ils
font plus de progrès en la vertu, et qu'ils ont
plus d'estime, plus de succès, et plus d'approbation que vous : si vous êtes en peine devant et
après une action du jugement qu'on en fera : si
vous faites de continuelles réflexions sur vous-
même : si vous recherchez votre satisfaction, et
si vous omettez les devoirs de votre charge, lorsque vous y sentez de la peine : c'est une marque
que votre intention n'est pas pure, et que ce
n'est pas pour Dieu uniquement que vous travaillez.

X. — Règlements de vie.

Considérez tout le bien et tout le mal que vous
pouvez faire en votre charge, l'un pour le pratiquer, l'autre pour l'éviter. Demandez pardon à
Dieu de vous en être si mal acquitté jusqu'à présent. Tâchez désormais de vous comporter, en
quelque état que vous soyez, comme un officier
de la Providence qui vous a donné cette commission, qui vous a mis dans cet emploi, qui
vous donne des grâces pour l'exercer dignement,
qui vous demandera compte à la mort, et qui
prépare de grandes récompenses à vos services.

Gardez exactement les règlements de votre

charge. C'est un droit que le public a sur votre liberté, et vous ne pouvez vous en défendre sans injustice. La coutume des gens de bien est une loi que vous devez suivre ; conformez-vous à leur exemple en l'exercice de votre emploi, et que celui des méchants ne vous fasse jamais rien faire contre votre devoir. N'abusez pas de votre autorité. Souvenez-vous que Dieu fera justice à tout le monde : mais qu'il sera sévère et inexorable aux grands qui auront opprimé les petits. Dans les affaires qui vous surviennent avec vos inférieurs, prenez toujours leur parti contre vous, et présumez de l'équité de leur cause, à moins que leur injustice ne fût manifeste. Ne tirez point avantage de votre pouvoir et de leur infirmité. Souvenez-vous que vous n'êtes riche que pour assister les pauvres, et que Dieu, qui est votre supérieur, vous traitera comme vous aurez traité vos inférieurs.

Xᵉ CONSIDÉRATION.

DES OCCUPATIONS ET DES DIVERTISSEMENTS.

I. — Des occupations.

L'homme sage fait son divertissement de ses occupations. L'homme insensé fait ses occupations de ses divertissements. Nous ne sommes pas au monde pour jouer, mais pour travailler. Adam dans l'état d'innocence avait une occupation douce et agréable pour fuir l'oisiveté ; mais depuis qu'il a péché, son occupation est devenue pénible et laborieuse. Il est condamné à cultiver la terre, et à l'arroser de la sueur de son visage. C'est donc se moquer de la justice de Dieu que de vouloir se divertir au lieu de travailler.

L'oisiveté est un vice qui est condamné de la nature et de la grâce. Si vous ne faites rien pour Dieu, vous faites beaucoup contre Dieu. Dans un pays de guerre et de combats comme

8.

est la vie présente, on ne peut vivre sans prendre parti. Nos passions sont des torrents qui nous entraînent au vice. Il faut leur faire une résistance continuelle. Ne pas monter, c'est descendre ; ne pas avancer, c'est reculer.

II. — Il faut s'acquitter de sa charge.

Si vous avez une charge, la première et la plus importante de vos dévotions est de vous en acquitter comme il faut, comme nous avons dit en la neuvième Considération. Tout le monde n'est pas appelé à la même vocation : Dieu est un grand prince qui a créé ce monde comme un palais, où il veut être servi par autant d'officiers qu'il y a d'états différents sur la terre : ainsi le mérite d'un homme ne consiste pas précisément à faire le bien, mais à faire ce qu'il doit faire. Que chacun, dit saint Paul, demeure dans l'état où Dieu l'a appelé, et qu'il s'en acquitte comme d'une commission qui lui est donnée. C'est en cela que consiste notre perfection, et c'est sur l'exercice de notre charge que nous serons principalement jugés.

Faites réflexion sur cette vérité importante. Voyez comme vous vous acquittez de la vôtre. La considérez-vous comme un état où la Providence de Dieu vous a mis, auquel il a attaché vos grâces, votre repos et votre salut, dans lequel il veut être honoré et servi de vous?

Est-ce pour Dieu que vous travaillez, ou pour quelque fin naturelle et humaine? Quelle récompense devez-vous attendre de lui, si vous ne travaillez point pour lui? Ce n'est pas assez de faire ce que Dieu veut, il faut le faire comme il veut. Les hommes ne se contentent pas de la bonne volonté de leurs serviteurs, ils veulent des effets; Dieu récompense la volonté des siens, comme le service même.

Faites autant de conscience de vous occuper en ce que vous ne devez pas faire, que de ne vous pas occuper en ce que vous devez faire. Comptez pour rien tout ce que vous faites, s'il n'est fait pour Dieu. La peine qui est attachée à votre emploi n'est pas une raison suffisante pour vous en dispenser; si vous ne faites que ce qui vous plaît, devez-vous passer pour serviteur de Dieu?

IV. — Il ne faut point s'empresser.

L'empressement et la négligence sont deux vices qui corrompent une bonne action. Pourquoi tant vous hâter? d'où vient ce bouillonnement de cœur, et cette impétuosité de nature?

Ce n'est pas de Dieu, car il n'est point dans ces agitations d'esprit. C'est un être tranquille, qui change tout sans se changer, et qui remue tout sans se remuer. Il joint la douceur à la force, et quelque tempête qu'excite sa colère, elle ne trouble jamais la paix de son cœur.

Défiez-vous de votre zèle quand il est turbulent, et de votre action quand vous l'entreprenez avec trop de chaleur. Pouvez-vous faire quelque chose sans le secours de Dieu? Est-ce vous fier en lui que de vous empresser de la sorte? Croyez-vous qu'il fasse réussir ce que vous entreprenez avec tant d'ardeur? S'il vous aime, il ne permettra jamais que vos desseins précipités aient l'effet que vous prétendez. Vous tomberez quand vous vous appuierez sur vos forces. Dieu veut avoir la gloire de votre action, et vous la lui dérobez quand vous la faites avec précipitation.

Travaillez, mais sans travail, je veux dire sans empressement et sans inquiétude. Considérez-vous comme l'instrument de la Divinité, et tout ce que vous ferez sera divin. Il faut qu'un instrument soit mort pour recevoir le mouvement de celui qui s'en sert. Que pourrait faire un peintre si un pinceau se remuait de lui-même entre ses doigts; soyez mort à tous vos désirs, et toutes vos actions seront des actions de vie. N'agissez que par le mouvement de la raison et de la grâce, et vous ne ferez rien que de juste.

Mettez-vous entre les mains de Dieu, quand il faut travailler de corps ou d'esprit. Regardez où vous allez, avant que de vous mettre en chemin. Empêchez la nature de prendre le devant, et de précéder la grâce. Faites ce que vous devez, et non pas ce qu'il vous plaît. Réglez tous vos desseins sur vos devoirs. Dans tous vos mouvements appuyez-vous sur l'immobile. Conservez dans toutes vos actions la tranquillité du cœur et de l'esprit. Hâtez-vous, s'il le faut, mais ne vous empressez jamais.

IV. — Il ne faut pas être négligent.

Que si l'empressement est à craindre, beaucoup plus la négligence. Le premier défaut vient d'estime et d'ardeur; et le second, de mépris et de lâcheté : l'un procède d'un cœur trop chaud ; l'autre, d'un cœur trop froid. Celui, dit le Saint-Esprit, qui se hâte trop, fera un faux pas : mais il donne sa malédiction à celui qui fait l'œuvre de Dieu avec négligence.

Est-ce pour Dieu que vous travaillez? Ne mérite-t-il point que vous le serviez avec plaisir? ne vous a-t-il point fait assez de biens? ne vous promet-il point d'assez grandes récompenses? ne vous menace-t-il point d'assez grands châtiments? s'endort-il au service qu'il vous rend? manque-t-il d'un seul moment à faire lever son soleil pour vous éclairer? Quoi, le Créateur sert avec plaisir sa créature, si méchante et si infidèle qu'elle soit, et la créature sert avec chagrin son Créateur!

V. — Esprits inconstants et bizarres.

Il y a des gens qui ne font rien que par boutade et par humeur. Ils étudient quand il leur prend envie d'étudier. Ils jouent quand il leur prend envie de jouer. Ils ne prennent de leur emploi que ce qui est doux et honorable, et en rejettent tout ce qui est fâcheux et désagréable. Ont-ils quelque succès, ils se laissent emporter à la joie ; n'en ont-ils point, ils se laissent abattre à la tristesse. Le plaisir et le chagrin sont, pour ainsi parler, les deux pôles sur lesquels roule toute leur vie, et qui font tous les mouvements de leur cœur.

Desquels êtes-vous? Prenez-vous plaisir à votre emploi? voilà qui est bien ; mais ne vous y attachez pas. Purifiez votre intention. Travaillez, non pas parce que vous y avez du plaisir, mais parce que Dieu vous l'ordonne. Mettez votre plaisir à lui plaire, et vous travaillerez toujours avec plaisir. Si vous désistez de travailler quand un emploi ne vous plaît pas, vous montrez que ce n'est pas pour Dieu que vous travaillez, mais pour votre satisfaction.

Êtes-vous mécontent de vous-même? faites-vous les choses avec chagrin? vous dégoûtez-vous aisément de ce que vous faites dans le choix de vos occupations? ne vous jetez-vous point dans celles qui vous agréent davantage? est-ce pour Dieu que vous vivez, ou pour vous-même? à quoi doit songer un serviteur, sinon à contenter son maître?

Commencez toutes vos actions, non pas par la plus agréable, mais par la plus nécessaire, et donnez toujours la préférence à Dieu. Gardez-vous d'agir par humeur, cette conduite est brutale. L'homme se distingue des bêtes par la raison, et non pas par l'humeur; et que doit faire un chrétien?

VI. — Esprits raisonnables et vertueux.

Celui qui agit par raison et par grâce conserve en tout temps une égalité d'esprit invariable. Il ne faut point épier les temps pour en recevoir un accueil favorable, on le trouve toujours raisonnable et chrétien. Il fait les choses, non pas parce qu'il les veut faire, mais parce qu'il les doit faire. Comme la volonté de Dieu est la règle de tous ses désirs, il ne faut savoir que ce que Dieu veut pour savoir ce qu'il désire. Il se prête aux affaires, et ne s'y donne jamais. Quand il n'y voit plus la volonté de Dieu, il s'en retire sans peine, parce qu'il n'y voit plus ce qui l'y attachait. Examinez-vous sur cette matière, et voyez en quoi vous manquez le plus.

VII. — Des divertissements.

Le jeu est un remède qu'il ne faut prendre que lorsqu'on est malade, c'est-à-dire quand l'esprit est trop abattu de travail. Il y en a, dit le Sage, qui s'imaginent que la vie de l'homme est un jeu : ils ne travaillent jamais, et veulent toujours se reposer; ils sont en bonne santé, et veulent toujours prendre des remèdes. C'est une passion qui n'est pas raisonnable, et qui approche de la folie.

VIII. — Du jeu.

Quoi que vous gagniez au jeu, vous y perdez toujours plus que vous n'y gagnez, puisque vous y perdez votre temps et votre conscience.

Jouer pour se relâcher l'esprit, c'est un divertissement louable. Jouer pour gagner de l'argent, c'est un trafic honteux. Jouer pour passer le temps, c'est une oisiveté criminelle. Nous ne sommes pas venus au monde pour prendre du plaisir, mais pour faire pénitence; pour gagner de l'argent, mais pour gagner le ciel.

Jouez rarement, s'il est nécessaire de jouer. Jouez petit jeu. Jouez peu de temps. Jouez sans passion. Tenez pour perdu ce que vous voulez jouer, et sa perte ne vous affligera point. Jouez pour les pauvres, si vous ne pouvez pas vous dispenser de jouer, et vous gagnerez toujours au jeu, pourvu qu'il ne vous en revienne rien. Vous gagnerez, dis-je, les biens du ciel ou ceux de la terre. Souvenez-vous que vous ne jouez jamais pour gagner, que Satan ne soit de la partie. C'est lui qui brouille les cartes, et qui vous fait souvent perdre pour vous faire jurer. D'autres fois c'est Notre-Seigneur, qui veut par ce mauvais jeu vous faire renoncer au jeu. Ré-

glez votre jeu et vos divertissements; souvenez-vous toujours de ce que disait saint François de Borgia, qu'on perd ordinairement quatre
choses au jeu : le temps, l'argent, la dévotion
et la conscience.

Quelles dépenses faites-vous? N'êtes-vous
point avare ou prodigue en vos habits, en vos
meubles, en votre train, en vos bâtiments, en
vos divertissements, en votre table?

IX. — Du repas.

Nous ne mangeons que pour vivre, et il y en
a, ce semble, qui ne vivent que pour manger.
Ils ne parlent que de festins, que de bonnes
chères, que de cadeaux, que d'ambigus, que
de bons vins. Vous diriez que la nature s'est
trompée en les faisant hommes, et qu'elle devait les avoir faits bêtes. Ceux qui sont forts du
côté de la vie animale sont, pour l'ordinaire,
bien faibles du côté de la raisonnable. De quoi
s'entretiendraient les bêtes, si elles pouvaient
parler? Job ne mangeait jamais sans soupirer,
et plusieurs en font leur félicité.

Élevez votre cœur, allant prendre votre repas, et rendez, par la pureté de votre intention,
cette action, de brutale qu'elle est, humaine et

chrétienne. La bénédiction des viandes ne se doit jamais omettre, en quelque lieu que vous soyez. L'effet en est plus salutaire que vous ne pensez, et pour y avoir manqué souvent les viandes nuisent plus qu'elles ne profitent.

Gardez-vous de vous jeter sur les viandes, de manger avec trop d'avidité, de témoigner du plaisir ou du mécontentement de ce qu'elles sont bien ou mal apprêtées. Mangez avec la tempérance et la modestie que mangeait Notre-Seigneur. Donnez-lui toujours le meilleur morceau de ce qu'on vous sert, vous en privant pour son amour.

Si vous manquez à remercier Dieu, vous ne méritez pas qu'il vous donne un morceau de pain ; et quelque bien que vous ayez, vous tomberez bientôt dans l'indigence. Dieu retire aux ingrats les biens dont ils abusent, et dont ils ne sont pas reconnaissants.

X. — De la parole de Dieu.

Prenez-vous autant de soin de noúrrir votre âme que votre corps ? Entendez-vous la parole de Dieu ? quel profit en faites-vous ? Vous parlez à Dieu par l'oraison ; mais Dieu vous parle par la lecture des bons livres et par la prédication. La parole de Dieu n'est jamais sans effet : ou elle convertit ceux qui l'entendent, ou elle les pervertit.

N'êtes-vous point trop curieux? Êtes-vous de ces gens qui ne sauraient lire un bon livre, s'il n'est écrit en beaux termes ; ni entendre un prédicateur, s'il ne parle poliment? Cherchez dans cet arbre de vie le fruit plutôt que la fleur. Dieu, dit saint Paul, n'a pas voulu convertir le monde par les beaux discours des orateurs, mais par la vertu de sa croix, qui serait anéantie si les apôtres avaient employé les artifices de l'éloquence. Ce ne sont pas les belles paroles qui touchent les cœurs, mais la grâce et l'onction du Saint-Esprit. C'est en paraboles et en termes populaires que la sagesse de Dieu a parlé aux hommes. Jamais elle ne vous convertira par ces discours étudiés, mais par la force de son Esprit, et par la simplicité de sa parole.

Cherchez les livres et les prédicateurs qui vous touchent le cœur, et non pas ceux qui vous flattent les oreilles. Ne manquez aucun jour à lire un bon livre. La lecture, dit saint Bernard, cherche Dieu ; la méditation le trouve ; la contemplation le goûte. La lecture aide la méditation, et la méditation conduit à la contemplation. Si vous aimez la fin, prenez-en les moyens. Si vous voulez goûter les choses célestes, lisez-les, et les méditez souvent.

XIe CONSIDÉRATION.

DES VISITES ET DES CONVERSATIONS.

I. — Les visites doivent être rares.

Il y a deux sortes de visites : les unes sont nécessaires ; les autres sont volontaires. Il faut rendre les nécessaires, et régler les volontaires :
c'est-à-dire, qu'elles doivent être rares, courtes, utiles, modestes.

La solitude est un si grand bien, qu'il ne la faut
jamais quitter que pour quelque chose de meilleur. Elle nous préserve du vice, nous avance
à la vertu, et nous unit à Dieu. Ce qu'a dit ce
philosophe est véritable, que lorsqu'on a conversé avec les hommes, on s'en retourne moins
hommes qu'on n'était auparavant. Nous ne fré-
quentons que ceux que nous aimons, et nous
devenons semblables à ceux que nous fréquen-
tons : où trouvera-t-on dans le monde des gens
de bien qui aiment à se produire et à conver-

ser? Je ne sais, disait un saint homme, comment un cœur peut se remplir de Dieu et du monde : le mien est si petit et si étroit, que lorsque l'un y entre, il faut que l'autre en sorte.

On ne voit presque dans les compagnies que de mauvais exemples, on n'y entend que de mauvais discours. Que gagnerez-vous à visiter? peut-on toucher une personne sale sans se salir? peut-on manier du feu sans se brûler? et cependant, dit saint Bernard, cela est plus facile que d'être bon parmi les méchants, et de conserver son innocence parmi les occasions du vice.

L'exemple est puissant, la nature est fragile, l'amour vient de la ressemblance; la conversation de l'amour, si vous fréquentez les gens du monde, ou vous êtes mondain, ou vous le deviendrez bientôt. Comment résisterez-vous au torrent de la coutume et de l'exemple? Avez-vous assez de résolution pour empêcher les médisances, pour arrêter les mauvais discours, et pour en substituer de bons? Qui vous pourra souffrir dans les compagnies, si vous ne pouvez rien souffrir? et en quelle conscience pourrez-vous souffrir que Dieu soit offensé en votre présence, la vertu décriée, le vice autorisé, l'honneur et la réputation de votre prochain déchirée?

Vous voulez faire, dites-vous, du bien aux autres. Je vous conseille de commencer par vous-même. Il n'y a que celui qui a un pied ferme dans la solitude qui puisse comme le compas décrire un cercle et une figure sans sortir de son centre. Jamais nous ne conversons que nous ne donnions du nôtre, et que nous ne prenions des autres. Nous donnons ce que nous avons de bien, et nous prenons ce qu'ils ont de mal.

On ne devient pas sain pour fréquenter ceux qui sont sains, mais on devient malade en fréquentant ceux qui sont malades. Il est vrai qu'on profite beaucoup en la compagnie des gens de bien ; mais il est bien plus aisé de se pervertir avec les méchants, parce que le mal est contagieux de sa nature, et se communique plus facilement que le bien.

Comment sera bon aux autres celui qui est méchant à soi-même ? comment profiterez-vous au prochain, si vous n'avez pas soin de votre perfection ? Vous voulez être tout à tous et les loger tous dans votre sein : eh ! que votre charité, répond saint Bernard, ait toute son étendue. Ne sortez pas de votre maison pour y loger tout le monde. Si vous êtes tout à tous, soyez quelque chose à vous-même. Si vous vous donnez à tous, est-il juste que vous vous refusiez à vous-même? et si tout le monde vous possède, pourquoi ne vous posséderez-vous pas vous-même? demeurez chez vous, si la charité ne vous en tire, et par-dessus tous les hommes aimez le Fils unique de votre Mère, dit ce saint Abbé.

Si les compagnies vous sont dangereuses et vous font offenser Dieu ; si votre cœur se dissipe et a de la peine à retourner chez soi ; si vous visitez des personnes de différent sexe ; si vous n'y êtes point appelé par le devoir de votre charge ; si rien ne vous y porte que la vanité, que la curiosité, que le plaisir, que la sympathie, que l'humeur, que l'inclination, que le désir de voir et d'être vu, d'aimer et d'être aimé, de consoler et d'être consolé, d'entretenir et d'être entretenu : vous êtes obligé de rompre ces conversations, de fuir ces commerces et ces visites.

Ne vous fiez point à votre vertu ; c'est une cire molle qui se fondra auprès du feu ; c'est un bouclier de verre, que le premier trait de la tentation mettra en pièces. Le démon est puissant dans l'occasion, la grâce y est faible, le cœur lâche, les passions furieuses, les objets attrayants, l'inclination au mal forte et violente : sans miracle vous y périrez. Quel moyen de ne point gagner la peste en conversant avec des pestiférés? Je ne crains rien tant que votre assurance. Tout est à craindre pour celui qui ne craint rien.

II. — Elles doivent être courtes.

Si vous êtes obligé de converser, ne quittez jamais votre solitude, que comme la pierre quitte son centre, et l'aimant son pôle. Ayez toujours un poids et une inclination à y retourner. Que vos visites et vos conversations soient courtes ; et s'il faut perdre du temps en ces sortes de devoirs, perdez-en le moins que vous pourrez.

Je ne sache point de gens plus incommodes et qui sont plus à charge à tout le monde, que ceux qui s'imaginent l'être le moins. Ils se rendent insupportables par la longueur de leurs discours, et poussent à bout la patience de ceux qu'ils visitent. Quel moyen de parler si longtemps, et de bien parler? De quoi peut-on s'entretenir l'espace de plusieurs heures qui puisse plaire à un esprit raisonnable, ou ne pas offenser un esprit religieux ?

Je me défie de toutes ces longues conversations. Il y a peu de gens qui puissent longtemps parler de Dieu comme il faut, encore moins qui se plaisent à en entendre parler. Croyez-moi, Dieu sera plus satisfait de vous voir chez vous que de vous entendre parler de lui, principalement avec des personnes de différent sexe. On sait ce que produisent ordinairement ces beaux entretiens qui commencent par l'esprit, comme dit saint Paul, et qui finissent par la chair.

En bonne foi, croirai-je que c'est Dieu qui vous pousse à voir si souvent cette personne pour qui vous sentez tant d'inclination ? Est-ce Dieu qui vous fournit des paroles pour parler si long-temps, lui qui ne recommande rien tant que de parler peu ? Si c'est de lui que vous vous entretenez si volontiers avec cet homme, d'où vient que vous n'en sauriez parler avec cet autre ?

Je me défie encore un coup de ces inclinations si tendres. Il ne faudrait pas connaître le monde, pour ne pas savoir qu'il est impossible de converser sans plaisir, et qu'on ne se plaît à parler que des choses qu'on aime, et aux personnes qu'on aime.

Ainsi j'ai droit de croire que c'est l'inclination ou l'aversion, la passion ou la médisance qui soutient une si longue conversation.

Quoi qu'il en soit, il vaut mieux laisser les gens sur leur appétit, que de les dégoûter ; vous faire désirer, que de vous faire appréhender. On estime ce qui est rare, on méprise ce qui est commun. Si vous avez du mérite, vous ne vous donnerez pas, mais vous vous ferez acheter : si vous n'en avez point, vous ne devez point converser.

Quelques philosophes ont défini l'homme un animal civil et politique, c'est-à-dire, qui aime la compagnie et la conversation : mais on peut définir le chrétien un animal solitaire et retiré, parce qu'il fuit le monde, dont l'air est contagieux ; il ne se plaît qu'à converser avec Dieu ; il fait gloire de déplaire à ceux qui lui déplaisent, et d'être haï de ceux qui le haïssent.

Quelle alliance peut-il y avoir entre la lumière et les ténèbres ? dit saint Paul ; entre la vertu et le vice ? entre Jésus-Christ et Bélial ? Peut-on être chrétien sans déplaire au monde ? Peut-on être aimé de Dieu et du monde ? Et comment pouvez-vous, âme chrétienne et religieuse, converser si longtemps avec des gens qui vous déplaisent, et à qui vous ne plaisez pas ?

Quelque bonne et innocente que soit une conversation, dès lors qu'elle est trop longue, elle me devient suspecte. Si elle profite aux autres, je crains qu'elle ne vous nuise à vous-même. Mon Dieu! que vous êtes dissipée quand vous sortez de cette compagnie? que vous avez de peine à vous recueillir! que d'épanchements, que de complaisances, que de vanités secrètes, que de tendresses de cœur, que de témoignage d'affection! mais que d'images et de sottes idées remportez-vous chez vous? On ne donne rien, comme j'ai dit, sans recevoir ; et que vous peuvent donner les gens du monde, que des sentiments de vanité et de sensualité ? ce sont deux démons qui ne les quittent presque jamais.

Sans esprit de recollection il est impossible d'acquérir la vertu. Etre saint, dit saint Grégoire de Nazianze, c'est converser avec Dieu ; et comment serez-vous saint, conversant toujours avec les hommes ? comment pourrez-vous conserver l'esprit de recollection dans une dissipation continuelle ? Je mènerai, dit l'Époux, ma bien-aimée dans la solitude, et là je lui parlerai au cœur. Cette voix, ajoute saint Bernard, ne s'entend point dans les places publiques, ni dans les grandes assemblées, mais dans le fond de l'âme et dans la solitude du cœur.

Jusqu'à quand, poursuit ce saint, serez-vous un esprit allant et venant ? Quand apprendrez-vous à demeurer chez vous ? Si vous cherchez Dieu, vous le trouverez à l'écart et dans le désert. C'est là qu'il s'est toujours communiqué aux hommes. *La sagesse*, dit la mer, *n'est point avec moi.* (Job. XXIII.) Je ne m'en étonne pas, elle est agitée de vents et de tempêtes. Comment voulez-vous que Dieu demeure avec vous, si votre cœur n'est jamais en paix ; si vous êtes dans un continuel épanchement ; si vos désirs sont des flots que vous poussez incessamment vers le rivage ; si vous ne sauriez quitter la terre, et si vous ne faites qu'aller et venir, au lieu de demeurer chez vous ? Un petit oiseau qui met toujours la tête hors de sa cage, montre qu'elle ne lui plaît pas, et qu'il voudrait bien en être dehors. Qu'un homme est heureux qui peut demeurer chez soi, sans avoir besoin de compagnie ! Dites tout ce qu'il vous plaira, je serai toujours du sentiment de ce sage, qu'il n'y a que ceux qui ne se peuvent souffrir eux-mêmes, qui cherchent la compagnie des autres.

III. — Elles doivent être utiles.

Si votre profession vous oblige à converser, imitez sainte Catherine de Sienne, dont il est dit que jamais on ne s'approchait d'elle qu'on n'en sortît meilleur. Que votre conversation soit innocente, qu'elle soit sainte, qu'elle soit discrète, qu'elle soit charitable, qu'elle soit bienfaisante.

Rien contre Dieu : c'est la grande maxime de saint François de Sales, qu'il faut garder dans la conversation. Bannissez de vos entretiens les railleries et les médisances. Ne vous divertissez jamais aux dépens d'autrui. Seriez-vous bien aise qu'on se réjouît à vos dépens, et qu'on vous fît défrayer la compagnie?

Ne vous contentez pas de ne point faire de mal à personne ; faites du bien, s'il est possible, à tout le monde. Il n'y a rien que les saintes lettres nous recommandent plus instamment que l'édification et le bon exemple. *Mes frères,* dit saint Pierre, *que votre conversation avec les gentils soit pure et sainte, afin que considérant votre piété ils louent Notre-Seigneur. Soyez saints en toute votre conduite, et en toutes vos conversations.* (I Petr. II.) Saint Paul recommande le même à son disciple Timothée. *Rendez-vous,* dit-il, *l'exemple et le modèle des fidèles dans les entretiens et dans les manières d'agir avec le prochain* (I Tim. IV.). *Conversez,* dit-il ailleurs, *d'une manière qui soit digne de l'Évangile de Jésus-Christ.*

Si les séculiers et les laïques sont obligés à ce devoir, combien plus les personnes apostoliques, les prêtres et les religieux, qui doivent empêcher la corruption du monde? Et si le sel est corrompu lui-même, à quoi sera-t-il bon, sinon à être jeté et foulé aux pieds? Un religieux, dit saint Thomas, doit toujours parler ou de Dieu, ou avec Dieu. En effet, sa langue ne doit-elle pas être religieuse, aussi bien que son habit? Que dirait-on d'une religieuse qui voudrait être coiffée comme les femmes du monde?

Et pourquoi parlera-t-elle comme les dames du monde?

L'effusion vient de la plénitude. Quand les apôtres furent remplis du Saint-Esprit, ils commencèrent à parler. Il faut bien dire que vous êtes rempli de l'esprit du monde, puisque vous ne parlez que des vanités du monde. Il ne faut pas faire le prédicateur en tous lieux, ni dégoûter même des bonnes choses ceux qui vous en entendent parler. La prudence doit assaisonner les discours. Le miel est bon, dit le Sage, mais il n'en faut pas trop manger. Servez chacun selon son appétit. Accoutumez-vous un peu à son inclination; mais quand vous voyez que ceux qui vous fréquentent ne se plaisent point à entendre parler de Dieu, vous ne devez plus les ménager. C'est une espèce d'apostasie et d'infidélité que d'avoir de la complaisance pour eux. Il faut, comme saint Paulin, faire gloire de déplaire à ceux à qui Dieu ne saurait plaire.

IV. — Elles doivent être modestes.

Si vous conversez avec vos semblables, et que la charité vous oblige à contribuer à leur divertissement, faites-le de telle manière que la charité et la modestie ne soient jamais bles-

sées. Soyez sur vos gardes et veillez sur vous-
mêmes, vous souvenant que vous êtes au pas le
plus glissant de votre vie.

Ne soyez pas de ceux qui parlent d'un air
impérieux ; qui veulent que toutes leurs paroles
soient reçues comme des édits et des oracles ;
qui s'offensent aussitôt qu'on les contredit ; qui
tirent avantage de la modestie des autres, et qui
se rendent tyrans de la conversation, pendant
que les autres en sont les martyrs. Parlez peu,
et parlez bien, et donnez aux autres la liberté
que vous ne voulez pas qu'on vous refuse.

C'est une marque d'un esprit léger et passionné, d'interrompre ceux qui parlent. L'homme
sage ne parle, pour ainsi dire, qu'au défaut d'un
autre, et pour soutenir la conversation. Il suit
le conseil du Saint-Esprit, qui ne veut point
qu'on parle quand il n'y a personne qui écoute.
Il sait que sans grâce on ne saurait bien parler ;
que Dieu ne la donne que lorsqu'il veut qu'on
parle ; qu'il ne veut point qu'on interrompe les
autres, par conséquent qu'il est très-difficile de
se jeter à la traverse sans s'égarer, et d'interrompre un discours sans pécher. Si vous me
croyez, vous apprendrez à vous taire, pour apprendre à parler.

Il y en a qui parlent plus du corps que de la
langue, et qui font plus de gestes qu'ils ne disent

de mots. Ces gesticulations sont, pour l'ordinaire, des marques d'un esprit léger et em-
porté. Le geste nous est donné de la nature
pour orner et pour fortifier le discours ; il supplée même souvent au défaut de la parole. C'est
une langue muette qui parle aux yeux et non
pas aux oreilles, et qui se fait mieux entendre
du cœur que de l'esprit. La parole est l'inter-
prète de l'esprit, et le geste l'est du cœur.

Il ne faut pas que ceux qui parlent en public,
et qui font profession d'éloquence, soient im-
mobiles comme des statues, et n'aient de tout
le corps que le mouvement de la langue. Cela
est bienséant aux juges, qui, devant parler sans
passion, doivent s'expliquer sans action, et s'é-
noncer comme des oracles. Cela convient aussi
aux femmes, qui n'ont point de plus grand or-
nement que celui de la pudeur et de la modestie : comme leur profession n'est pas d'enseigner, elles ne doivent jamais prendre le ton, le
geste, ni l'action de maître ; cela n'est pas convenable à leur sexe.

Mais ceux qui parlent en public ou en particulier, et qui sont obligés ou de persuader une
vérité, ou de combattre une erreur ; ou de défendre une vertu, ou de décrier un vice ; ou
d'inspirer une belle action, ou de corriger un
déréglement ; ceux-là, dis-je, doivent se servir

de toutes les armes de l'éloquence, et joindre l'action à la parole, pour faire plus d'impression sur les esprits. Mais qu'est-il besoin de faire tant de gestes pour ne rien dire qui vaille, et de donner la gêne à son corps pour enfanter une pensée ridicule ? Quand vous parlerez sans passion, vous parlerez avec modestie, et vous composerez si bien votre extérieur, qu'on n'ait pas sujet de croire que votre esprit est hors de son assiette. Quand vos paroles seront pleines de sagesse et de bon sens, on les recueillera comme des pierres précieuses, sans que pas une tombe à terre, c'est comme parle le Saint-Esprit ; et il ne sera point nécessaire de travailler à force de bras pour gagner l'attention de votre auditeur.

C'est une grande sagesse de n'offenser personne et de ne s'offenser de personne, de souffrir sans faire souffrir, d'être martyr sans être tyran, de se communiquer sans se répandre. Il y a des gens qui ne sauraient ouvrir la bouche sans se faire voir jusqu'au fond du cœur ; c'est indiscrétion : il y en a d'autres qui sont toujours masqués et déguisés pour surprendre, ou de peur d'être surpris ; c'est malice et défiance.

Soyez libre sans légèreté, retenu sans contrainte, modeste sans affectation, complaisant sans lâcheté, joyeux sans épanchement, sérieux sans sévérité. Soyez respectueux avec vos supérieurs, civil avec vos égaux, humble et charitable envers vos inférieurs. Soyez tout à tous, non pas pour les perdre, mais pour les sauver ; non pas pour vous les gagner, mais pour les gagner à Jésus-Christ.

Parler trop, c'est une marque de folie ; parler trop haut, c'est une marque d'orgueil ; parler à son avantage, c'est un signe de vanité ; parler avec empressement, c'est un effet de timidité ; dire des sottises, c'est le caractère d'un esprit badin ; des railleries, d'un esprit bouffon ; des injures, d'un esprit furieux ; des saletés, d'un esprit brutal ; des mensonges, d'un esprit fourbe ; des médisances, d'un esprit envieux, méchant et mal tourné. L'homme sage, dit le Saint-Esprit, ne rit que du bout des lèvres, mais le fou rit avec éclat.

Jamais vous ne parlerez comme il faut, quand vous serez agité de passion. Prenez alors, s'il vous reste quelque étincelle de bon sens et de piété, le parti du silence ; et s'il vous coûte un peu de confusion, croyez que vous n'y perdez rien, et que c'est gagner beaucoup que de vaincre sa passion. Allez au divertissement avec une pure intention ; priez Dieu de gouverner votre langue ; tenez-vous toujours en sa présence : mettez un frein à votre bouche ; en quelque compagnie que vous soyez, comptez toujours combien vous êtes, et souvenez-vous que Dieu et ses anges sont avec vous.

Je ne sais rien de plus honteux à un homme que d'avoir la réputation de n'être pas homme et raisonnable en tout temps, mais seulement par intervalle. C'est ce qui arrive à la plupart des gens qui se gouvernent par humeur et par caprice. Il n'y a rien de plus agréable que leur conversation, quand ils sont en belle humeur ; rien de plus fâcheux et de plus insupportable, quand ils n'y sont point.

Ne soyez pas de ces esprits qui changent selon les temps. Prenez l'ascendant sur vos passions ; ne vous abandonnez jamais à ces caprices honteux. Vous êtes homme, vous êtes chrétien. En tant qu'homme, vous êtes sous la conduite de la raison ; en tant que chrétien, vous êtes sous la conduite de la grâce ; l'un et l'autre tient l'âme dans une égalité d'esprit et dans une sérénité de cœur inaltérable.

Corrigez-vous de ce défaut, si vous y êtes sujet ; car il est honteux à votre réputation, et préjudiciable à votre conscience. Persuadez-vous que vous ne faites rien pour Dieu, si vous n'agissez par un principe de grâce, et que c'est la passion qui vous fait agir, s'il y a de l'inéga-lité dans votre conduite.

Si vous êtes sage, vous parlerez peu, et vous serez aussi bon ménager de vos paroles que de votre argent. Quand il faut payer une dette, vous ne donnez pas aussitôt tout ce qu'on vous demande ; vous voulez savoir si la somme est due ; si c'est à vous à la payer ; si le terme en est échu ; s'il n'y a rien à rabattre. Ensuite vous entrez en votre cabinet, et vous prenez de l'argent, vous le comptez auparavant ; vous prenez garde à ne vous pas tromper, et vous ne donnez précisément que ce qu'il faut.

Voilà, dit saint Bonaventure, la circonspection qu'il faut avoir à parler. Si c'est une dette qu'il faut payer, payez-la sans vous faire contraindre : mais avec soin, étude et attention. Prenez garde à vos paroles, comptez-les toutes, et les pesez les unes après les autres ; gardez-vous bien d'en donner plus qu'il n'en faut ; et si vous êtes un homme d'un esprit précieux (c'est comme les saintes Lettres appellent l'homme sage), faites que vos paroles soient précieuses aussi.

Quand vous allez rendre visite, vous voulez qu'on vous reçoive bien ; faites le même à ceux qui visitent ; parlez toujours d'un esprit rassis et composé ; ne vous laissez point aller à la joie ; ne vous abandonnez point à la tristesse ; accordez de bonne grâce ce que vous pouvez donner ; assaisonnez de douleur et de témoignage d'affection le refus que vous êtes obligé de faire.

La fidélité que vous devez à Dieu, vous oblige à empêcher les mauvais discours, ou à les détourner adroitement, ou à faire semblant que vous ne les entendez pas, ou à témoigner qu'ils ne vous plaisent pas.

Ne soyez pas de ces flatteurs qui louent tout ce qu'on fait, bien ou mal ; ne soyez pas aussi de ces esprits chagrins et dédaigneux qui méprisent tout, et à qui rien ne peut plaire. La justice veut que vous louiez ce qui est digne de louange ; et la charité, que vous preniez part à la joie de votre prochain. Il n'y a pour l'ordinaire gens qui louent moins que ceux qui n'ont rien de louable, soit parce qu'ils ne connaissent point le mérite, soit parce qu'ils ne le sauraient aimer. Ils croient par là s'élever au-dessus des autres : mais ils se détruisent dans l'esprit des gens raisonnables, qui sont persuadés que ce silence dédaigneux ne saurait procéder que d'ignorance ou d'envie.

Aimez, et faites tout ce que vous voudrez. Aimez, dis-je, d'un amour de charité, et votre conversation sera semblable à celle des anges qui nous supportent dans nos défauts, qui nous conseillent dans nos doutes, qui nous consolent dans nos peines, qui nous assistent dans nos misères, et qui ne sont avec nous que pour nous faire du bien. Comportez-vous de la sorte avec le prochain, et votre conversation sera angélique.

V. — Des amitiés particulières.

Il y a dans les communautés deux démons qui ont coutume de troubler la douceur de la conversation, l'inclination, et l'aversion. L'inclination nous approche trop du prochain ; l'aversion nous en éloigne trop : toutes deux blessent et détruisent la charité, quoique d'une manière différente : l'une par trop de chaleur, et l'autre par trop de froideur.

Les amitiés particulières sont des haines universelles. On ne peut s'approcher trop près d'une de ses sœurs, sans s'éloigner de toutes les autres. Celle qui ne les aime pas toutes également, n'en aime pas une seule par charité : d'autant que cette vertu renferme tout le monde en son sein, son motif étant universel et indivisible. Si j'aime pour Dieu celui qui me plaît, je dois aussi aimer celui qui me déplaît, puisqu'ils sont tous deux créés à l'image de Dieu, tous deux rachetés de son sang, tous deux appelés à sa gloire, tous deux enfants de son Église.

Je ne dois pas aimer tout le monde également : mais je ne puis haïr personne. Je puis aimer plus tendrement une sœur qui me paraît plus aimable, mais d'un amour sage, pur et secret, qui ne donne point de jalousie aux autres, et qui ne se remarque point dans la communauté. Si l'on me voit plus souvent avec elle qu'avec les autres ; si je me sépare du commun ; si je lui parle au temps du silence et dans les lieux défendus ; si l'affection que j'ai pour elle m'occupe le cœur et me distrait l'esprit ; si je sens de la peine quand je ne la vois pas, mon amitié est humaine, et non pas divine ; elle est profane, et non pas religieuse ; elle est schismatique, et non pas catholique : c'est la charité des Juifs, qui croyaient ne devoir aimer que leurs amis ; et non la charité des chrétiens, qui embrasse aussi ses ennemis.

Aimer par inclination, c'est aimer en bête ; aimer avec inclination, c'est aimer en homme ; aimer sans inclination, c'est aimer en chrétien ; aimer contre son inclination, c'est aimer en saint : c'est le dernier effort de la charité chrétienne, et le triomphe de l'amour divin : car il n'y a que Dieu, dit saint Thomas, qui nous puisse faire aimer celui qui ne nous plaît pas ; beaucoup plus celui qui nous déplaît, qui nous désoblige et qui nous offense.

Si vous êtes toute à une de vos sœurs, vous n'êtes rien à toutes les autres : vous commettez une injustice considérable, puisqu'elles ont toutes droit sur votre cœur. Vous n'êtes même rien à Dieu, et Dieu ne vous est plus rien : car l'amour ne se divise point, il ne peut servir deux maîtres. Pouvez-vous dire que vous aimez Dieu de tout votre cœur et de tout votre esprit? N'est-il pas vrai que vous avez une idole à laquelle vous sacrifiez toutes vos pensées et toutes vos affections ?

Oh ! que vous serez étonné à la mort, quand vous verrez que vous n'avez aimé personne par une pure charité, puisque vous faites des distinctions et des exceptions que la charité ne fait point ! Oh ! la grande consolation, d'avoir quelque assurance qu'on aime Dieu purement ! Vous n'en pouvez avoir de plus grande que si vous aimez toutes vos sœurs également.

Je ne dis pas que vous sentiez autant d'inclination pour l'une que pour l'autre ; le sentiment ne dépend pas de vous : mais vous pouvez et devez le tenir caché. Vous pouvez vous éloigner de celles pour qui vous sentez de l'inclination, et vous approcher de celles pour qui vous sentez de l'aversion. Ainsi votre charité sera sainte, pure, héroïque, surnaturelle et divine.

Au contraire, si vous n'aimez que les personnes qui vous agréent, votre charité sera une pure sensualité, un schisme de religion, une hérésie de cœur. Vous offenserez vos sœurs, vous scandaliserez la communauté, vous troublerez l'ordre, vous blesserez l'union, vous attirerez sur vous la colère de Dieu. Ensuite vos oraisons seront sans goût, vos confessions sans douleur, vos communions sans fruit, et vos travaux sans mérite.

Examinez-vous sur ce point ; et si vous avez quelque attachement, faites les derniers efforts pour vous mettre en liberté.

XIIᵉ CONSIDÉRATION.

DES SOURCES DE NOS IMPERFECTIONS, ET DE LEURS REMÈDES.

Il y a quatres sources générales de toutes nos imperfections, qu'il faut considérer avec attention.

Première source.

La première est, que nous ne pensons point du tout ou fort peu à la fin de notre création et de notre vocation. Nous vivons dans le monde, comme si nous y étions venus uniquement pour vivre, et non pas pour y servir Dieu et pour nous sauver. Nous passons le temps dans la religion, comme on passe un mauvais temps avec peine et chagrin, sans songer à l'honneur que Dieu nous a fait, et à l'obligation indispensable que nous avons de tendre à la perfection. Si nous y pensons, nous n'avons pas une volonté efficace de l'acquérir, mais imparfaite et stérile. Nous nous contentons tout au plus de former de belles résolutions, et d'écrire de bons propos : mais ce sont des résolutions mortes , qui font mourir l'âme qui les a conçues et qui ne les met pas au jour. Le Paradis ne se donne pas seulement aux désirs, mais aux effets. Il faut former de bons propos : mais si vous ne les mettez pas en exécution, ce seront autant de pièces écrites de votre main, qu'on produira contre vous au jour du jugement. Voilà ce qu'il a su, dira-t-on, et voilà ce qu'il a fait.

Vous n'aurez pas besoin de juge à la fin du monde pour vous faire votre procès : vous vous jugerez et vous vous condamnerez vous-même. Toutes vos lumières déposeront contre vous. Toutes ces considérations serviront à votre condamnation. Celui qui ne croit point, dit saint Jean, est déjà jugé : et que deviendra celui qui croit et qui vit cependant comme s'il ne croyait pas ?

Remède.

Pour remédier à ce désordre, considérez souvent d'où vous venez, et où vous allez. Vous venez de Dieu, et vous allez à Dieu. Un voyageur pense toujours au lieu où il doit aller. Un ar-

cher regarde fixement le but où il doit donner.
Ayez toujours les yeux de l'âme arrêtés sur votre
fin, et dites souvent à vous-même ce que disait
saint Bernard : *Bernarde, ad quid venisti?* Bernard, qu'es-tu venu faire au monde? qu'es-tu
venu faire en religion? Est-ce pour passer le
temps, ou pour le bien employer? Est-ce pour te
sauver, ou pour te damner?

Deuxième source.

La seconde source de nos imperfections et de
nos infidélités, est que, bien que nous pensions à
notre fin et que nous voulions y arriver, nous
n'en prenons pas les moyens. Car c'est par nos
actions que nous devenons parfaits et que nous
gagnons le ciel; et pour faire une bonne action,
ce n'est pas assez qu'elle ait une belle apparence et une régularité extérieure, il faut encore qu'elle soit bonne au-dedans; que l'intention en soit pure, droite et désintéressée; qu'elle
soit animée d'un esprit intérieur, qui est à une
action ce que l'âme est à son corps; qu'elle
soit enfin revêtue et accompagnée de toutes ses
circonstances. Ce n'est donc pas assez de se
trouver au lieu de l'oraison, il la faut faire avec
ferveur, respect et attention. Ce n'est pas assez

de chanter les louanges de Dieu dans une église, il les faut chanter de cœur et d'esprit. Ce n'est pas assez de faire des pénitences, il les faut faire par un esprit d'humilité, de haine de soi-même, d'amour de Dieu, de douleur de ses péchés, d'obéissance à la règle et à ses supérieurs. Notre vie est telle que sont nos actions, et la perfection de notre vie dépend de la perfection de nos actions. C'est pour cela que nous serons jugés par nos œuvres, comme parle l'Ecriture, et non pas par nos connaissances et par nos désirs.

Et c'est la principale cause de tous nos déréglements et de toutes nos imperfections. Nous n'appliquons pas notre esprit à bien faire toutes nos actions. Nous ne les faisons pas dans le temps, dans le lieu, de la manière et pour la fin que nous devons. Nous les faisons parce qu'il les faut faire ; mais nous ne nous étudions pas à les bien faire. Nous travaillons par inclination, ou par humeur, ou par crainte, ou par respect humain, ou par nécessité, ou par habitude. Au lieu de perfectionner nos ouvrages, de les polir et de les achever, nous ne faisons que les ébaucher ; à peine les avons nous entamés, que nous les laissons bruts et imparfaits pour passer à un autre. Cela fait que nous ne pouvons pas dire que nous offrions à Dieu une action qui soit juste et de poids.

Oh! que vous serez étonné à la mort lorsqu'on mettra toutes vos œuvres dans une balance, et qu'on vous dira ces paroles de l'Apocalypse : *Je ne trouve point vos œuvres pleines devant mon Dieu.* Ce n'est que vanité, que lâcheté, qu'amour-propre, que recherche de vous-même. Ce sont des cadavres d'action sans esprit et sans amour. Elles sont trop légères ; elles ne sont point de poids ; elles méritent du châtiment, et non pas de la récompense.

Remède.

Pour corriger ce défaut, accoutumez-vous à faire vos actions par un principe de vertu, avec une intention droite, pure et sainte, de toute l'application de votre esprit, et de toute l'affection de votre cœur, comme si c'était la dernière de votre vie ; considérant que Dieu vous regarde, et qu'il attend ce service de vous. Proposez-vous souvent dans l'esprit ces pensées, qui vous aideront à les bien faire.

Que Dieu veut être honoré de vous par cette action ; qu'il a les yeux arrêtés sur cette action ; qu'il a attaché une grâce particulière à cette action ; qu'il reconnaîtra si vous l'aimez par cette action ; que c'est lui rendre service que de bien

faire cette action ; que sa sagesse de toute éternité a réglé cette action ; que sa grandeur infinie ennoblit cette action ; que sa sainteté adorable consacre cette action ; que sa volonté
souveraine ordonne cette action ; que son amour
sera satisfait si vous faites bien cette action ; que
la paix de votre cœur dépend de cette action;
que votre mérite est renfermé dans cette action ; que vous offenserez Dieu si vous manquez à cette action ; que vous n'aurez point les
grâces qui doivent suivre cette action ; que votre salut peut-être dépend de cette action ; que
vous ne devez donc songer qu'à bien faire cette
action.

Troisième source.

La troisième Source de nos imperfections est
le défaut de recueillement et d'attention sur
nous-mêmes. On se plaît à demeurer et s'entretenir avec ceux qu'on aime. Le cœur vole au
lieu où est son trésor, et ne pense qu'à ce qu'il
désire. Si nous avions de l'amour pour Dieu,
nous penserions incessamment à lui, et nous de-
meurerions volontiers en sa compagnie ; et
parce qu'il est au fond de notre âme, si nous
l'aimions, nous ne sortirions jamais hors de
nous-mêmes, ou nous y rentrerions aussitôt.

Mais hélas ! nous ne pouvons demeurer chez nous, parce que nous n'y trouvons rien qui nous plaise, et nous sommes toujours répandus au dehors pour trouver quelque consolation parmi les créatures.

Une âme dissipée est comme une brebis errante et vagabonde qui est bientôt dévorée du loup. C'est un Caïn fugitif de la divine Providence, à qui tous les objets qui se rencontrent donnent la mort. Oh ! qu'une âme est malade qui est dégoûtée de Dieu ! Eh ! quel moyen de le goûter avec les créatures, d'avoir les consolations du Ciel et celles de la terre, de jouir de la satisfaction de l'esprit et de celle de ses sens ! Que de piéges et de mauvais partis dresse le démon à cette âme ! Quelle peine a-t-elle à rentrer en elle-même, où elle trouve un Dieu méprisé, un père offensé, un époux irrité, un cœur malade, un esprit dissipé, une conscience troublée, des passions déchaînées, tout dans le désordre et dans la confusion !

O terrible châtiment que celui d'un homme qui fuit son Dieu, et qui est banni de sa présence ! N'est-ce pas une espèce d'enfer et une marque de reprobation ? O malheureuse l'âme qui est exilée de Dieu ! plus malheureuse celle qui ne connaît point son exil ! infiniment malheureuse celle qui aime son exil, et qui se fait

un plaisir d'être éloignée de la source de tous
les plaisirs !

Remède.

Pour éviter ce malheur, tenez-vous toujours
en la présence de Dieu, et conservez l'esprit de
recollection dans toutes vos occupations extérieures. Marchez de l'âme comme on fait du
corps, ayant un pied ferme et immobile pendant que l'autre avance. Quand votre esprit
travaille, que votre cœur soit en repos, et demeure immobile sur son centre, qui est la volonté de Dieu dont il ne doit jamais s'écarter.

Avant de commencer une action, regardez
toujours si elle est dans l'ordre, si elle plaît à
Dieu, si c'est pour lui que vous la faites, et
demandez-lui sa bénédiction.

Pendant l'action élevez de temps en temps
votre esprit à Notre-Seigneur; renouvelez la
pureté de votre intention : rafraîchissez un peu
votre cœur qui s'échauffe dans le mouvement,
et l'empêchez de se souiller par quelque satisfaction naturelle. Rompez le cours à la passion qui veut être toujours de la partie; et si
elle veut faire le voyage avec vous, qu'elle ne
précède pas la raison, mais qu'elle la suive ;
qu'elle ne commande pas en maîtresse, mais

qu'elle obéisse en esclave. La marque que vous faites une action pour Dieu, c'est lorsque vous la quittez sans peine, et que vous ne vous fâchez point lorsque l'on vous interrompt. Prenez quelque signal, comme le son d'une horloge, pour vous souvenir de Dieu, et pour vous remettre en sa présence.

Après l'action, rentrez dans la solitude de votre cœur, et reposez-vous un petit moment sur le sein de Notre-Seigneur avant que de passer à une autre. Ne croyez pas avoir perdu la présence de Dieu pour avoir été quelque temps sans penser à lui. Il n'est pas possible en cette vie que l'esprit soit toujours occupé de Dieu, et cette pensée pourrait même le divertir de son travail : mais le cœur ne doit jamais s'écarter un moment de son amour et de son obéissance.

Remarquez bien l'avis que je vous vais donner : vous êtes toujours en la présence de Dieu, tandis que vous faites sa volonté ; et vous pensez à lui tout le temps que vous pensez à bien faire ce qu'il vous ordonne ; car il veut que vous fassiez bien vos actions, et vous ne les pouvez pas bien faire si vous n'y appliquez tout votre esprit. C'est pourquoi si la pensée de Dieu m'empêchait à présent de m'appliquer à ce que j'écris, je serais obligé de la rejeter comme une distraction. Il ne faut donc pas vous imaginer que vous vous soyez éloigné de Dieu, ou que Dieu se soit éloigné de vous pour avoir été quelque temps sans penser à lui. Si vous avez fait sa volonté, vous avez toujours été en sa présence, et vous ne la perdez que lorsque vous faites ce qu'il ne veut pas. Vous êtes uni de cœur et d'esprit à Dieu, lorsque vous vous appliquez à bien faire ce qu'il veut, et que vous êtes tellement disposé, que si l'on vous demandait pourquoi vous faites cette action, vous répondriez aussitôt que c'est pour Dieu; que c'est pour lui obéir et pour lui plaire. Souvenez-vous que vous êtes autant distrait que vous le voulez être; si vous ne l'avez point voulu être, vous ne l'avez point été.

Quatrième source.

La quatrième et principale source de nos imperfections, pour laisser toutes les autres qui pousseraient cette considération trop loin, est que nous aimons trop les douceurs de la vie, et que nous avons horreur de la mortification, qui est ce qui fait un chrétien, un religieux, et un prédestiné.

Nous avons au dedans de nous-mêmes l'amour-propre qui recherche toujours le plaisir sensible, et qui nous donne un penchant furieux au péché. Hors de nous le démon qui nous tente, le monde qui nous attire, les objets qui nous flattent, les occasions qui nous environnent, les compagnies qui nous entraînent, les faux amis qui nous trompent, qui nous trahissent et qui nous perdent ! C'est pourquoi si nous ne sommes toujours sur nos gardes, et si nous ne fermons les portes de nos sens à tous ces ennemis qui nous assiégent, ils se rendront bientôt les maîtres de notre cœur.

Il y a une opposition étrange entre l'âme et le corps, entre l'esprit et la chair, entre la grâce et la nature : ce qui fortifie l'un, affaiblit l'autre : ce qui donne la vie à l'un, donne la mort à l'autre. Pour donc conserver la vie de la grâce, il faut incessamment mortifier les inclinations de la nature.

Ce n'est pas assez de se mortifier pour un temps et en quelque chose : il faut, s'il est possible, se mortifier en toutes choses et en tout temps avec prudence et discrétion. Une satisfaction déréglée que vous donnez à la nature, la rend plus fière et plus insolente que cent victoires que vous aurez remportées sur elle ne l'auront affaiblie. Il faut toujours remonter une horloge, toujours cultiver un jardin, toujours laver ses mains, toujours peigner sa tête. Si vous vous désistez quelque temps de mortifier vos passions, vous ne reconnaîtrez plus rien en votre âme. Mes frères, dit saint Bernard, ce qui est coupé repousse ; ce qui est éteint se rallume ; ce qui est assoupi se réveille. Pour conserver l'esprit intérieur de dévotion, il faut empêcher son âme de se répandre au dehors, en lui fermant les portes des sens, et l'environnant de toutes parts d'une haie d'épines, comme parle le Prophète.

Or c'est ce que nous ne faisons pas, et c'est la cause de toutes nos tiédeurs, de tous nos relâchements et de toutes nos indévotions. Nous faisons vivre la nature au lieu de la faire mourir. Nous ne travaillons qu'à lui donner des forces au lieu de l'affaiblir. Nous ne voudrions pas faire la moindre violence à nos inclinations naturelles, et nous priver de la plus légère satisfaction pour l'amour de Dieu. Nous ne cherchons que nos aises, que notre repos et nos petites commodités. Nous n'aspirons qu'à une vie douce et aisée, qui ne s'incommode en rien. Si nous mortifions la nature en une chose, nous la dédommageons aussitôt par une autre satisfaction que nous lui donnons. Si nous sommes recueillis pendant une retraite, aussitôt que nous en sommes dehors, nous ouvrons toutes les portes des sens aux objets qui nous peuvent dissiper ; nous abandonnons l'étude de la mortification, et nous nous faisons un point de conscience de réparer tous les dommages que nous avons fait souffrir à la nature.

Cela est trop gênant, dit-on; cette dévotion est trop austère, elle m'incommode la santé, elle me ferait perdre l'esprit. Je ne suis point fait à cela, je ne puis vivre de la sorte. Dites donc aussi que vous n'êtes point homme raisonnable; dites que vous n'êtes point chrétien; dites que vous n'êtes point religieux; dites que vous n'êtes point prédestiné. Car pour être homme, il faut vivre par raison; pour être chrétien, il faut crucifier sa chair; pour être religieux, il faut mourir à soi-même; pour être prédestiné, il faut être semblable à Jésus-Christ, marcher sur ses pas, et imiter ses exemples. Dites encore que vous êtes esclave du monde et ennemi de Dieu, puisqu'on ne peut servir deux maîtres. Dites que vous n'avez point l'esprit de Jésus-Christ, puisque vous obéissez à la chair qui lui fait une guerre continuelle. Dites enfin que vous renoncez à la couronne du Paradis, puisqu'elle n'est que pour ceux qui combattent et qui se mortifient.

O âme chrétienne! êtes-vous venue au monde pour vivre en bête? avez-vous été baptisée pour fouler la croix aux pieds, et pour lever l'étendard de la volupté? est-ce là ce que vous avez promis lorsque vous vous êtes enrôlée dans la milice de

Jésus-Christ? Où vous placera-t-on dans le ciel? dans quel rang? dans quel ordre? Sera-ce parmi les martyrs tout chargés de plaies? sera-ce parmi les confesseurs tout consumés de pénitences? Il n'y a point de saint qui n'ait crucifié sa chair avec ses vices ; et vous, lâche déserteur de la croix ; et vous, âme délicate et efféminée, vous oseriez prendre place parmi ces vieux guerriers et ces nobles conquérants qui ont passé leur vie dans les combats, et qui ont remporté une infinité de victoires.

Et vous, âme religieuse et dévouée à Jésus-Christ, avez-vous quitté les plaisirs du monde pour chercher de malheureuses satisfactions dans la religion? Est-ce pour faire votre volonté que vous avez choisi cet état, ou pour faire celle de Dieu? Est-ce pour obéir à vos passions, ou pour les vaincre? Est-ce pour vivre selon les sens, ou selon l'esprit? Et comment vivrez-vous d'esprit, si vous ne mortifiez pas vos sens? Oh! je ne m'étonne pas si vous êtes misérable. Vous cherchez le plaisir que vous ne sauriez trouver, et vous fuyez les croix que vous ne sauriez éviter. O mon Dieu! quel plaisir vous faites sentir à une âme qui s'est privée d'un méchant plaisir pour l'amour de vous.

Remède.

Le remède à tous ces désordres est de vous persuader que, n'étant au monde que pour vous sauver, et en religion que pour vous sanctifier, vous n'êtes ni en l'un ni en l'autre que pour vous mortifier ; puisque sans mortification, et sans cette sainte haine de vous-même, vous ne pouvez être ni chrétien, ni saint, ni parfait, ni heureux.

Commencez donc à faire vivre et régner Jésus-Christ dans votre âme par la mortification de vos passions. Faites mourir vos sens, leur refusant les satisfactions qu'ils désirent contre l'ordre de Dieu et de la raison. Mortifiez votre langue, ne parlant jamais ni dans la colère, ni dans le temps du silence, ni lorsque vous avez grande envie de parler. Mortifiez vos yeux, tenant toujours la vue baissée, et ne regardant rien de curieux. Mortifiez vos oreilles, les fermant aux discours vains, aux entretiens inutiles, aux médisances, aux paroles légères et aux conversations dangereuses. Mortifiez votre chair, ne lui accordant que la pure nécessité, à moins que la raison et l'obéissance n'en ordonnent autrement. Généralement parlant, accoutumez-vous à vous priver de ce que vous désirez avec passion, et pour une malheureuse satisfaction que vous vous serez refusée, Dieu versera dans votre âme des torrents de plaisirs, et vous comblera de consolations inexplicables. Goûtez et voyez.

XIIIe CONSIDÉRATION.

MOYENS POUR ACQUÉRIR LA PERFECTION.

———

I. — Il le faut vouloir.

Les livres spirituels en fournissent une grande quantité ; et cependant on peut dire que tout consiste à le vouloir. Il n'y a rien de difficile à une bonne volonté aidée de la grâce de Dieu. Nous ne pouvons pas dire qu'elle nous manque, puisque le Fils de Dieu veut que nous soyons parfaits comme son Père, et que nous ne le pouvons être sans son secours.

II. — Qui sont ceux qui le veulent.

L'inclination au bien ne rend pas l'homme juste, comme l'inclination au mal ne le rend pas méchant. Pour être bon il faut vouloir le bien, et nous le voulons autant que nous le faisons.

Si vous voulez être parfait, vous éviterez ce qui
vous éloigne de la vertu, et vous embrasserez
ce qui vous y conduit. Si vous ne faites rien,
vous ne voulez rien. Vous pouvez avoir de la
complaisance pour la perfection, sans avoir
la volonté de l'acquérir.

III. — Nécessité d'un directeur.

Un homme sage ne s'engage point dans une
forêt pleine de détours et de labyrinthes sans
avoir un bon guide. Un marchand discret ne
monte point sur mer sans avoir un bon pilote.
Si vous n'avez un bon directeur, vous n'irez
pas bien loin sans vous égarer et sans faire
naufrage. Dieu ne gouverne point les hommes
par des révélations particulières. La discrétion des esprits, si nécessaire à la vie spirituelle, est une grâce gratuite, qui nous est
donnée pour les autres, et non pas pour nous-
même. Le chemin du Paradis est étroit et difficile à trouver : il est assiégé de voleurs et
bordé de précipices : qui osera s'y engager sans
avoir un conducteur ? Malheur à celui qui est
seul, car s'il tombe, dit le Sage, qui le relèvera ? s'il s'égare, qui le redressera ? s'il est
malade, qui le guérira ? s'il est attaqué, qui le

défendra? Choisissez donc un habile directeur, et obéissez-lui fidèlement.

IV. — Il faut connaître son imperfection.

Il y en a qui voudraient être parfaits en un jour. Tandis que nous aurons des ennemis, il les faudra combattre ; et des vices, il les faudra détruire : or nous en aurons jusqu'à la mort. La perfection ne consiste presque qu'à connaître son imperfection, et à s'en humilier devant Dieu. Je crains pour ces parfaits qui s'imaginent l'être, et qui ont de la complaisance pour leur vertu. Pour moi je suis du sentiment de saint Bernard, que tout manque à celui qui ne croit manquer de rien. Dans la vie spirituelle un homme est bien malade qui se croit sain, et bien vicieux qui se croit sans vice, parce qu'il a de l'orgueil qui les traîne tous avec soi.

V. — Être fidèle dans les petites choses.

Le grand dépend du petit, et le petit conduit au grand. Vous ferez de grands progrès en la vertu, si vous êtes fidèle dans les petites choses. Celui qui est infidèle dans les petites, dit Notre-Seigneur, le sera dans les grandes. Quelle excuse aurez-vous de n'être point parfait, puisque

Dieu ne vous demande que ce qui vous est facile et ce qui dépend de vous? Faites ce que vous pouvez, et Dieu fera ce que vous ne pouvez pas. Faites les choses faciles, et Dieu fera les difficiles. Si vous méprisez les petits péchés, vous tomberez infailliblement dans les grands.

VI. — Se tenir en la présence de Dieu.

Marche devant moi, dit Dieu à Abraham, et sois parfait. Vous serez parfait quand vous marcherez devant Dieu, et que vous vous tiendrez toujours en sa présence. Dieu est au fond de votre âme : vous le trouverez quand vous entrerez chez vous, vous le perdrez quand vous en sortirez. Il se plaît dans la solitude et dans le silence. Ce sont les créatures qui nous le dérobent ; fuyez-les, et vous les posséderez en assurance. Où êtes-vous quand vous n'êtes point avec Dieu ? Que cherchez-vous ayant Dieu chez vous ? Heureuse l'âme qui porte tout son bien avec soi, et qui ne cherche rien hors de soi : qui voit Dieu en tout, et qui voit tout en Dieu.

VII. — Ne se point répandre au dehors.

Pour empêcher l'âme de sortir, il lui faut fermer la porte des sens. Veillez sur vos yeux et sur vos oreilles, c'est par là qu'elle s'échappe. Vous êtes autant distrait que vous vous attirez les choses, et que vous vous répandez au dehors. Mettez des gardes à toutes les portes de votre âme, et ne laissez rien entrer que vous ne sachiez d'où il vient et où il va.

VIII. — S'adonner à l'oraison.

Si vous n'êtes homme d'oraison, vous n'arriverez jamais à la perfection. Comment serez-vous parfait, si vous n'aimez Dieu? Comment l'aimerez-vous, si vous ne le connaissez? Comment le connaîtrez-vous, si vous ne le considérez? Or, c'est dans la méditation que l'âme s'instruit des perfections de Dieu : c'est là qu'elle découvre sa beauté, qu'elle reconnaît ses bienfaits, qu'elle reçoit ses caresses, qu'elle s'embrase de son amour.

IX. — Mortifier son corps et ses passions.

Pour faire une bonne oraison, il n'y a qu'à faire une bonne mortification. Pour allumer ce feu dans son cœur, il y faut mettre le bois de la croix. Jamais votre esprit ne sera plus fort que lorsque votre corps sera faible. Jamais votre esprit ne sera plus faible que lorsque votre corps sera fort. Gardez des mesures dans vos pénitences. et ne faites rien que par les ordres de vos supérieurs.

X. — Penser à la mort.

Il ne faudrait que deux choses pour être bientôt parfait : l'une de croire que c'est aujourd'hui que vous commencez à servir Dieu ; l'autre, que c'est le dernier jour que vous le servirez. Si vous alliez mourir, comment feriez-vous cette action? Faites-les toutes de la sorte, et vous aurez atteint la perfection.

XI. — Ne s'attacher à rien.

Tenez pour perdu tout ce qui se peut perdre ; ne vous attachez à rien dont la perte vous puisse affliger ; n'aimez rien qui soit au-dessous de Dieu : n'estimez rien que ce qui conduit à Dieu. Tout notre mal en cette vie est que nous méprisons ce qu'il faut estimer, et nous estimons ce qu'il faut mépriser.

XII. — Se détacher de tout.

Puisqu'une chose est parfaite quand elle est unie à son principe, la perfection de l'homme consiste à s'unir à Dieu. Jamais vous ne lui serez uni, que vous ne soyez détaché de tout. Faites un pas au delà des créatures, et vous trouverez le Créateur. Quittez les choses visibles, et vous trouverez l'invisible. Passez au delà des temps, et vous entrerez dans l'éternité. Détachez-vous de ce qui n'est point Dieu, et vous vous trouverez uni à Dieu.

XIII. — Corriger ses vices.

La perfection ne consiste pas tant à se remplir qu'à se vider, à faire le bien qu'à éviter le mal. Dieu a plus d'inclination à se communiquer que le soleil n'en a à éclairer, et l'air à remplir le vide. Ouvrez les portes de votre cœur, et Dieu y entrera aussitôt. Videz-vous des créatures, et Dieu vous remplira. Corrigez vos vices, et Dieu vous sanctifiera.

XIV. — Vivre sans choix.

Ne tenir à rien, être prêt à tout, vivre sans choix et sans désir, c'est la marque d'une âme parfaite, et qui s'est abandonnée à Dieu. Gardez votre liberté ; ne vous rendez esclave d'aucune créature. Ne vous donnez point à de mauvais maîtres. Vous n'en sauriez avoir de pires que vos passions : quand vous ne serez plus sous leur domination, vous serez en état de perfection.

XV. — Se conformer à la volonté de Dieu.

Quelque chemin que vous preniez pour être parfait, vous n'en trouverez point de plus court, de plus facile et de plus assuré que de vous conformer en tout à la volonté de Dieu. Cette dévotion est libre et dégagée, et mène incontinent à l'union. Faites ce que Dieu veut, et Dieu fera tout ce que vous voudrez ; soyez content de lui, et il sera content de vous ; travaillez pour lui, et il travaillera pour vous. Un homme fait toujours sa volonté, qui n'a point de propre volonté ; car il a celle de Dieu au lieu de la sienne, et la volonté de Dieu se faisant toujours de quelque manière que ce soit, il est vrai de dire qu'un homme fait toujours sa volonté, qui n'a plus de propre volonté.

XVI. — S'humilier dans ses défauts.

Être bon et le paraître, c'est un état dangereux. Le paraître et ne l'être pas, c'est un état vicieux. L'être et ne le point paraître, c'est un état de perfection. Dieu nous laisse des défauts pour nous tenir dans l'humilité, et pour nous mettre à couvert de la vanité. Je ne trouve rien au monde de plus à craindre qu'une sainteté d'éclat. La gloire est l'héritage de l'autre vie, l'humiliation le partage de celle-ci. Supportez vos défauts, âme sainte, quand vous ne sauriez vous en défaire; travaillez incessamment à votre perfection, et si vous n'avancez point, croyez que Dieu vous veut perfectionner par la connaissance de votre imperfection. Le désir de sa perfection est souvent plutôt la recherche de sa propre excellence que de sa sanctification.

XVII. — Fuir les compagnies.

Fuir le monde; chercher la solitude; parler peu aux hommes, et beaucoup à Dieu: faire tout, et croire ne rien faire: faire des choses admirables, et ne vouloir point être admiré, c'est plutôt le comble de la perfection que le chemin pour y arriver. Vous ne paraîtrez jamais avec assurance, que vous n'ayez été longtemps caché. Demeurez dans votre nid jusqu'à ce que vous ayez des ailes. Jetez de profondes racines avant que de porter du fruit : creusez de bons fondements avant que d'élever votre édifice. Vous vous éleverez autant que vous vous serez abaissé ; vous aurez autant de gloire dans le ciel que vous aurez eu d'humilité sur la terre,

XVIII. — Mourir à ses désirs.

Accoutumez-vous à vous passer des créatures, à ne rien désirer hors de vous, et à vous contenter de Dieu. Tous vos désirs sont vos tyrans, qui vous rendent martyrs de l'ambition et de l'amour-propre. N'en ayez qu'un, qui est de faire la volonté de Dieu, ou plutôt faites-la toujours. Ceux qui commencent doivent avoir un grand désir d'arriver à la perfection : mais ils n'y arriveront jamais qu'ils ne meurent à tous leurs désirs empressés. Que peut désirer une âme qui possède Dieu ? Que peut chercher une âme qui a trouvé Dieu ? Tenez-vous en paix, quoi qu'il vous arrive ; et quand vos désirs font les mutins, dites-leur que vous ne savez rien au monde qui vaille la paix, et que vous ne l'abandonnerez jamais pour tous les biens du monde.

XIX. — Se faire une continuelle violence.

Pour être bientôt saint, il faut toujours prendre le parti de Dieu contre soi-même. Vous avancerez autant que vous vous ferez de violence. On n'arrive à la vie que par la mort, à la victoire que par les combats, au repos que par le travail, à l'union que par le détachement, à la perfection que par la croix et la mortification. Donnez à Dieu votre chair, et il vous donnera son esprit. Veillez sur vos sens, et il veillera sur votre cœur. Prenez soin du dehors, et il prendra soin du dedans. Mortifiez-vous dans les petites choses, et il vous rendra victorieux dans les grandes.

XX. — Aimer son prochain.

C'est être parfait que d'aimer son prochain, puisque c'est accomplir la loi, comme parle l'Apôtre : c'est aussi aimer Dieu, car c'est garder ses commandements, qui sont presque tous renfermés dans le précepte de la charité. Aimez donc votre prochain, et Dieu vous aimera ; assistez-le, et Dieu vous assistera ; excusez-le, et

Dieu vous excusera ; supportez-le, et Dieu vous
supportera ; pardonnez-lui, et Dieu vous pardonnera. Quand vous feriez des miracles, et que
vous souffririez le martyre, si vous n'avez point
de charité, vous n'êtes rien : et que sera-ce de
celui qui ne fait que des crimes, et qui n'est
martyr que du démon ?

XXI. — Penser toujours à Dieu.

Ne passez aucune semaine sans communier,
aucun jour sans croix, aucune heure sans penser à vous, aucun moment sans penser à Dieu.
C'est tout du moins que vous pensiez à lui quand
vous recevez des bienfaits de lui : et n'en rece-
vez-vous pas autant de fois que vous respirez ?
C'est penser à Dieu que de faire sa volonté.
Offrez-lui l'action que vous commencez. Ne
croyez point n'avoir rien fait pour lui, lorsque
vous n'avez point pensé à lui : il connaît votre
cœur et vos intentions. Si l'on vous demandait
pourquoi vous faites cette action, ne répondriez-
vous pas que c'est pour Dieu ? Ne craignez point,
c'est pour lui que vous avez travaillé, bien que
vous ayez été quelque temps sans penser à lui,

XXII.—Souffrir la privation des consolations spirituelles.

Quoiqu'il ne faille pas rejeter les consolations que Dieu nous donne en l'oraison, si est-ce qu'il ne faut pas s'y attacher. Une âme en ces douceurs reçoit les biens de Dieu ; mais elle ne lui donne rien : elle a de la satisfaction, mais fort peu de mérite. Il n'y a presque que dans l'état de souffrance que l'âme honore Dieu, et qu'elle s'enrichit soi-même. Elle l'honore par le sacrifice de son esprit, de sa volonté, de ses passions et de toutes ses puissances. Elle s'enrichit par la pratique de toutes les vertus les plus héroïques : la Foi, l'Espérance, la Charité, la pauvreté, la résignation, la conformité, la force, la fidélité, l'humilité et la patience.

XXIII. — Renoncer à soi-même.

Vivez comme une personne qui va de la figure à la vérité, de la mort à l'immortalité, du temps à l'éternité. Il y en a une bonne et une mauvaise. Vous arriverez à la bonne, portant votre croix, et vous renonçant vous-même. Vous arriverez à la mauvaise, suivant vos passions, et obéissant à votre propre volonté.

XXIV. — Obéir à ses supérieurs.

Vous connaîtrez si vous allez bien, par l'obéissance que vous rendez à vos supérieurs. Il est impossible, dit Cassien, qu'un homme obéissant tombe dans l'illusion, et qu'il n'y tombe pas s'il ne l'est pas. Vous avancerez autant que vous obéirez ; vous serez parfait quand vous serez obéissant. Dieu donne son esprit à celui qui lui donne le sien ; il fait la volonté de celui qui fait la sienne. Si vous ne renoncez à vos propres lumières, vous perdrez la foi et vous tomberez dans l'erreur. Obéissez à tous vos supérieurs ; obéissez en tout ce qui n'est point péché manifeste ; obéissez en tout temps ; obéissez en tout lieu ; obéissez d'esprit ; obéissez de cœur.

XXV. — Être maître de son cœur.

C'est grande pitié d'aimer et de ne savoir ce qu'on aime, d'avoir un cœur et de n'en être point le maître. Veillez sur vos affections, n'aimez rien avec empressement et inquiétude. Souvenez-vous toujours de ce beau précepte de saint Bernard : *Rien au-dessus de Dieu, rien comme Dieu, rien avec Dieu, rien après Dieu.*

XXVI. — Abrégé de la perfection.

Tous les avis qu'on peut donner se réduisent presque à quatre, qui sont comme les quatre roues du chariot de la sainteté, et le carré de la justice chrétienne ; s'abandonner à la Providence de Dieu ; se laisser gouverner par ses supérieurs ; ne faire mal à personne ; s'en faire à soi-même par une continuelle mortification : voilà le chemin assuré de la perfection.

XIVᵉ CONSIDÉRATION.

RÉPONSES A QUELQUES DIFFICULTÉS SUR LA VIE PARFAITE.

Iʳᵉ question.

De quelle manière faut-il souffrir un petit martyre qu'on ressent en soi-même, lorsqu'on voit une si grande perfection à acquérir, et qu'on s'en voit si fort éloigné ?

R. Il faut l'attendre de Dieu seul, si c'est sa volonté, sans rien négliger toutefois de sa part. Celui qui attend quelque chose de soi, ne sait pas ce que c'est que l'homme : celui qui désespère d'acquérir quelque vertu, ne sait pas ce que c'est que Dieu.

IIᵉ question.

D'où vient que dans cet état il semble qu'il y ait des moments où l'on ait besoin de parler et

de communiquer, et dans le même instant on se
sent comme impuissant de pouvoir dire une parole? Quelquefois la peine est si intime, qu'elle
laisse l'esprit tout interdit; ce qui fait négliger
la communication avec les créatures.

R. Quand on est plein de Dieu, on n'a besoin
de rien. Quand on est vide de Dieu, on a besoin
de tout. Quand l'amour propre veut parler, l'esprit de Dieu lui ferme la bouche. Quand l'esprit
de Dieu fait parler, il ouvre la bouche sans qu'on
y pense. Il ne faut point communiquer avec ses
directeurs précisément pour adoucir ses peines,
ou pour devenir plus savant : mais parce que
Dieu veut nous guérir, fortifier et instruire par
leur moyen. Comme c'est orgueil de ne vouloir
point parler, c'est amour propre et légèreté
d'esprit de vouloir toujours parler.

IIIᵉ question.

Il y a de certaines vues que Dieu donne de sa
grandeur d'une manière inexplicable ; des connaissances aussi de nos mystères si claires et si
évidentes, qu'il semble qu'on ait perdu la foi.
Cela vient souvent lorsqu'on y pense le moins ;
de quelle manière alors se faut-il conduire ?

R. Quand le soleil luit on voit des atomes.
Quand il est caché, on ne voit pas les maisons ;

et cependant elles ne sont pas moins quand on
les voit que quand on ne les voit pas. Il faut
servir Dieu dans les ténèbres, comme si on était
dans la lumière, et dans la nuit comme pendant
le jour. Quand on voit, on ne croit point : quand
on ne voit point, il faut croire comme si l'on
voyait. La foi est plus certaine que la vue, la
raison que les sens.

IVᵉ question.

La vertu est-elle du bon esprit, quand on la
pratique avec violence ? N'est-ce point une marque qu'elle ne durera point, et par conséquent
que ce n'est pas Dieu qui produit ce mouvement ?

R. La vertu vient toujours du bon esprit, lorsqu'elle est véritable ; elle est toujours véritable,
lorsqu'elle tend à la destruction du vice. Comme
il n'y a que Dieu qui la puisse produire par sa
grâce, il n'y a que sa grâce qui la puisse conserver, quoique la volonté de l'homme y doive
coopérer. Elle est toujours douce aux bons na-
turels, violente aux mauvais. Il ne faut pas que
la peine nous empêche de pratiquer la vertu.
Quand la volonté de Dieu est connue, il faut faire
les derniers efforts pour l'exécuter ; quand elle
ne l'est pas, il faut modérer ses désirs, et ne
pas faire plus que Dieu veut. Quoique la vertu soit

bonne en tout temps, il y a des vertus qui ne sont pas bonnes à pratiquer en toutes les rencontres. Parlant en général, la violence est nécessaire à ceux qui commencent et qui avancent, parce qu'ils sont en guerre : mais elle n'est pas bonne à ceux qui ont vaincu, parce qu'ils sont en paix. Combien y a-t-il de Salomons et d'âmes pacifiques au monde ?

V⁰ question.

Quelle différence y a-t-il entre la douceur des plaisirs sensibles, quoique spirituels, et la douceur d'un calme intérieur, spirituel et divin ?

R. Un repos sensible n'est point de durée. Un repos divin n'est point sujet au changement. Celui qui se repose sur l'immobile ne sent plus de mouvement. Un cœur qui sent de l'émotion se repose sur quelque créature. Il ne faut point rejeter la paix quand on la sent, ni la chercher quand on ne la sent pas ; car ce n'est pas la paix qu'on cherche, mais le sentiment de la paix. Lorsqu'on ne cherche que Dieu, on est toujours en paix : lorsqu'on n'est point en paix, on cherche quelqu'autre chose que Dieu.

VIe question.

Quand Dieu donne de grands désirs de souffrir, doit-on en chercher les occasions, ou si l'on doit les attendre?

R. Demandez à un mort ce qu'il en pense. Une âme morte à soi-même ne sait plus ce qu'elle veut. Ces désirs de souffrir, quoique contraires à la nature, me sont bien suspects, lorsqu'ils sont inquiets. Etes-vous capable de souffrir le moindre mal? Vous avez bonne opinion de vous-même : je crains qu'il n'y ait de la présomption. Le plus sûr est d'attendre les croix sans les aller chercher, de ne rien demander, et de ne rien refuser. Je ne parle point des pénitences du corps qu'on peut désirer et demander, mais c'est au supérieur à les prescrire et ordonner.

VIIe question.

Que faut-il faire pour calmer un esprit agité de doutes sur son salut? Ses actions sont-elles agréables à Dieu dans quelques moments où il s'imagine être réprouvé, ou du moins qu'il ne pense rien faire pour l'éternité, quoiqu'il ait désir de faire tout ce qu'il y a de plus parfait?

R. Le remède pour n'être point inquiété de

son salut, est d'abandonner à Dieu le soin de son salut. Croire être réprouvé et vivre en prédestiné, c'est le dernier effort de la charité et la plus grande perfection de cette vie. Quand on aime bien Dieu, on ne songe qu'à lui plaire. Croyez-moi, vous travaillez pour vous, lorsque vous travaillez pour Dieu. Vous faites tout pour vous, lorsque vous faites tout pour Dieu.

VIIIe question.

Il y a des peines inexplicables qui affligent d'autant plus qu'on ne le saurait dire, la souffrance étant plus dans l'intérieur de l'âme que dans l'extérieur. Que faut-il faire ?

R. Quand on ne désire rien, on ne souffre plus rien. Toutes nos peines viennent de ce que nous désirons ce que nous n'avons pas, ou que nous ne voulons pas ce que nous avons. Ainsi, pour ne plus rien souffrir, il ne faut plus rien désirer ni refuser. Quand on a des peines, il faut tâcher à les faire connaître à son père spirituel, d'autant que ce sont la plupart des tentations du démon, qui est un esprit d'orgueil et de ténèbres qui ne peut souffrir ni l'humiliation ni la lumière. Quand on ne peut pas les expliquer, il faut se contenter de les faire connaître à Dieu, ou plutôt de les souffrir sans en parler ni à Dieu ni aux hommes : si ce n'est qu'il y eût danger d'y succomber ; car alors il faudrait demander à Dieu la grâce d'y résister.

IXᵉ question.

D'où vient que les puissances sensitives ont plus de liberté alors que dans d'autres souffrances, où le fond de l'âme n'a plus aucune lumière? Ferait-on mieux, en cette rencontre, de se servir des moyens ordinaires, comme d'une sérieuse méditation, ou s'il faut s'abandonner à la conduite de Dieu?

R. Il n'appartient qu'à Dieu de donner la liberté au cœur quand les sens sont liés, et la liberté aux sens quand le cœur est lié. En quelque état qu'on soit, il ne faut jamais sortir du fond de son âme, ni chercher Dieu hors de soi, puisqu'il y est toujours par nature ou par grâce. Lorsque les sens sont débauchés et les passions déchaînées, il faut s'envelopper dans sa pauvreté et attendre, comme parle David, que l'iniquité soit passée. C'est faiblesse d'esprit et tendresse de cœur, de s'occuper toujours à regarder ses imperfections. Il vaut mieux dormir avec Notre-Seigneur au milieu de la tempête, et à deux doigts du naufrage, que de l'éveiller par défiance et par timidité. Une âme qui se voit chargée d'ulcères sur un fumier, et qui se joue, comme Job avec ses vers, sur l'assurance que Dieu la ressuscitera, montre bien qu'elle a étudié dans l'école de l'humilité, et qu'elle a appris cette science dont saint Augustin était passionné : *Mon Dieu, que je vous connaisse, et que je me connaisse.* La méditation est toujours bonne quand Dieu laisse l'âme dans la puissance d'en user ; mais l'amour vaut mieux que la connaissance, l'union que l'affection, le repos que le mouvement.

Les personnes qui commencent doivent se servir de toutes les armes de la raison et de la foi pour combattre leurs passions ; mais celles qui sont dans l'union doivent les mépriser, et ne faire bouclier que de leur silence et de leur confiance en Dieu.

C'est une chose admirable de voir une créature s'abandonner à Dieu, quand il semble que Dieu l'abandonne, et demeurer immobile dans la ruine et la décadence de tous les appuis créés. Si vous vous fiez en lui il vous assistera ; si vous vous appuyez sur une créature elle vous trahira. Jamais notre foi n'est plus divine que dans les ténèbres, notre espérance plus surnaturelle

que dans l'infirmité, notre charité plus pure
que dans la peine.

Xᵉ question.

La grâce est-elle si délicate qu'on soit privé
de la présence sensible de Dieu et des tendresses de son amour pour avoir donné quelque satisfaction à ses sens?

R. Il n'y a rien de plus délicat que la grâce.
Le moindre plaisir des sens altère la pureté du
cœur, et jette des troubles dans l'esprit. Dieu
nous est toujours présent, quoique nous ne
sentions pas sa présence. C'est une grande grâce
de sentir son opération dans le fond de son
cœur ; mais il ne faut pas y établir son repos.
Tout ce qui est sensible passe et est sujet au
changement ; mais Dieu ne passe et ne change
jamais. Il faut donc voir Dieu dans toutes choses, et toutes choses en Dieu par une lumière
de foi et d'intelligence, qui est un don du Saint-
Esprit.

Quand on fait la volonté de Dieu, on est toujours en sa présence, bien qu'on n'y pense pas,
et on est dans sa jouissance, quoiqu'on ne la
sente pas. Quand on a commis quelque infidélité, il soustrait quelquefois la douceur de sa
présence ; mais il ne peut pas soustraire sa pré-

sence, ni faire qu'il ne soit plus avec nous. Humiliez-vous après avoir failli, et vous trouverez bientôt ce que vous avez perdu. Ne cherchez que Dieu et vous le trouverez partout, dans la nuit aussi bien que dans le jour, dans l'affliction aussi bien que dans la consolation, dans vous-même aussi bien que hors de vous-même.

XIe question.

Doit-on se divertir des lumières intérieures que nous avons de notre néant, lorsque cette vue nous serre le cœur, et nous donne de la défiance de notre salut?

R. Il faut se divertir de tout ce qui divertit de Dieu; et comme il n'y a rien qui nous en éloigne plus que la défiance, il faut rejeter toutes les lumières qui troublent notre paix, et qui diminuent la confiance que nous devons avoir en Dieu.

XIIe question.

Est-ce à une âme criminelle à se laisser conduire à l'attrait de l'amour, et n'est-ce point se flatter de suivre cette voie?

R. L'amour de Dieu est bon en tout temps. L'âme criminelle doit plus aimer que l'innocente, quoiqu'elle n'y ait pas tant de facilité, parce qu'elle a reçu de plus grandes miséricordes. La Madeleine a aimé Dieu aussitôt qu'elle a connu son péché. Il faut suivre l'attrait quand on sait qu'il vient de Dieu, et on sait qu'il est de Dieu lorsque ceux qui tiennent sa place nous en assurent. La crainte et la pénitence précèdent ordinairement l'amour ; mais Dieu dispense de ses lois ceux qu'il lui plaît.

XIII. question.

N'y a-t-il point de danger d'illusion dans ces voies extraordinaires de contemplation?

R. Nul, pourvu qu'on ne se fie point à son sens, et qu'on soit toujours soumis à l'obéissance. Il y a bien de la différence entre l'union et la contemplation. L'union est dans le cœur, et la contemplation dans l'esprit. Ceux qui cherchent des lumières sont sujets à l'illusion ; ceux qui sont dans l'union ne sauraient y tomber s'ils ne s'attachent à quelque plaisir sensible que produit cette union.

Le démon ne peut entrer dans une âme que par l'esprit ou par le cœur. Il entre dans l'esprit par la curiosité ; il entre dans le cœur par la volupté. Celui qui ferme ces deux portes, je veux dire qui ne recherche ni lumière, ni sentiment,

ne peut donner d'entrée au démon ; et c'est ce
que font ceux qui sont dans la véritable union.
Si Dieu les éclaire, comme il fait souvent, de
lumières admirables, ils ne s'y attachent point :
mais ils les laissent aller comme elles sont ve-
nues, sans courir après ; s'il leur donne des consolations sensibles, ils font tout leur possible
pour ne les point sentir ; du moins ils ne s'arrêtent point à ce sentiment, mais sont semblables
à ces beaux arbres plantés sur le courant des
rivières, qui voient passer les eaux, et en sont
arrosés sans changer de place.

XIVᵉ question.

Que faut-il faire quand on a des visions dans
l'esprit ou dans l'imagination ?

R. Il en faut détourner la vue, et ne faire
aucun semblant de les voir. Si elles sont de
Dieu, elles ont eu leur effet dans leur première
impression : si elles n'en sont point, elles ne
sauraient nuire à celui qui ne s'y arrête point.
Mais si vous les considérez, il est sans doute que
vous êtes déjà dans l'illusion, ou que vous ne
serez pas longtemps sans y tomber. Sainte Thérèse a été conduite par des voies bien extraordinaires : mais elle déclare qu'elles sont très-

dangereuses, et sujettes aux illusions ; qu'il ne les faut point désirer, beaucoup moins s'y arrêter. Elle a reconnu les dangers où l'a mise l'ignorance de quelques directeurs ; il n'y a que l'obéissance qui l'ait sauvée. Êtes-vous une sainte Thérèse ? êtes vous détachée et mortifiée comme elle ? Soyez donc obéissante comme elle ?

XVᵉ question.

Que faut-il faire lorsqu'on entend des paroles intérieures ? lorsqu'on sent des goûts et des odeurs spirituelles qui font croire à l'âme qu'elle est en Paradis ?

R. Il faut fermer toutes les portes de l'âme à ces voix et à ces douceurs. Si vous leur ouvrez les yeux ou les oreilles par curiosité, vous serez trompé par le serpent, comme la première femme, et vous mangerez du fruit défendu comme elle. Le fruit était bon, mais la curiosité et l'amour-propre l'ont empoisonné.

Les âmes à qui Dieu parle intérieurement, l'écoutent sans vouloir l'écouter, parce qu'elles ne sont pas assurées que c'est Dieu qui leur parle, et qu'elles craignent d'être trompées. Mais quoiqu'elles ne veuillent point l'entendre, si la voix est de Dieu, elles ne peuvent empêcher qu'elle ne pénètre jusqu'au fond du cœur.

et qu'elle ne se fasse entendre. Quand on l'é-
coute avec curiosité, on est en danger de se
perdre. Quand on n'y donne point d'attention,
on ne peut tomber dans l'illusion.

XVI⁰ question.

Mon directeur m'ordonne de regarder, d'é-
couter, d'interroger, de demander. Il veut même
que je mette par écrit tout ce que je vois, et
tout ce que j'entends.

R. Je ne puis dissimuler que cette conduite
est très-dangereuse et suspecte aux saints qui
ont passé par ces états. Les confesseurs qui
n'ont point l'expérience de ces faveurs extraordinaires, exposent souvent les âmes à de grandes
tromperies pour contenter leur curiosité. Tandis
que vous obéirez à votre directeur, Dieu vous
préservera des artifices du démon. Mais priez-
le toujours qu'il vous dispense d'écrire et de
parler. Je ne dis pas qu'il ne lui faille déclarer
tout ce qui se passe en son intérieur ; mais il ne
faut pas s'y arrêter, ni l'examiner pour le pouvoir déclarer.

XVII⁰ question.

Que doit-on faire quand on se voit en dan-

ger de tomber en extase par les assauts de
l'amour divin?

R. Il faut résister tant qu'on peut à ces assauts, et les soutenir avec tous les efforts de
son âme. Il faut se divertir des objets qui font
trop d'impression sur le cœur. Il faut se dis-
traire sans scrupule, et faire tous les efforts
imaginables pour ne point tomber dans ces faiblesses, principalement en public.

XVIIIᵉ question.

Est-ce dans l'esprit ou dans le cœur que consiste la contemplation?

R. Il n'y a point de doute que contempler est
une opération de l'entendement. Mais cette espèce de contemplation n'est pas la plus parfaite : c'est celle qui est la plus sujette aux illusions. La vraie, solide et parfaite contemplation
est celle qui se passe dans le cœur, où Dieu
fait des opérations admirables, sans que l'esprit
même en ait aucune connaissance. Il est vrai
qu'on la doit plutôt appeler union que contemplation ; mais on lui laisse ce nom, parce
qu'elle est souvent accompagnée de connaissances merveilleuses qui tiennent l'esprit dans
une espèce de ravissement.

Et voilà ce qui trompe le vulgaire : car il

s'imagine que les contemplatifs sont des gens qui ont toujours l'esprit attaché inséparablement à un objet, et dont ils ne se peuvent presque point divertir. La vraie contemplation, au sentiment des docteurs les plus habiles et les plus expérimentés, est plus dans le cœur que dans l'esprit. Celle du cœur n'est point sujette aux illusions, d'autant qu'il n'y a que Dieu qui puisse entrer dans ce sanctuaire d'amour, toutes les portes des sens étant fermées : celle de l'esprit est exposée à beaucoup de tromperies, parce que le démon se transfigure souvent en ange de lumière. Aussi saint Thomas a très-bien remarqué qu'encore bien qu'il y ait des anges damnés de toutes les hiérarchies, cependant on ne dit point qu'il y ait des séraphins en enfer, par la raison que ce sont des esprits d'amour qui sont moins faciles à tromper que les chérubins, qui sont des esprits de lumière.

XIXe question.

Y a-t-il de l'imperfection à désirer sa perfection?

R. Oui, si vous la désirez comme un degré d'excellence, et avec empressement. Les désirs sont nécessaires aux personnes qui commencent et qui avancent : ils détachent l'âme des créatures, ils la rendent capable des dons de Dieu, ils attirent les grâces du Ciel, et disposent à l'union. Mais les âmes parfaites qui ont trouvé Dieu n'ont plus rien à désirer. En effet, on ne désire que ce qui est absent : Dieu peut-il s'éloigner de vous? Si vous n'aimez que lui, et si vous savez qu'il est dans vous, vous trouverez dans vous-même le comble de tous vos désirs. Les fleuves sont dans un continuel mouvement tandis qu'ils sont sur la terre, ils sont en repos dès lors qu'ils sont dans la mer. Le vin nouveau bout et bouillonne dans le muid, parce qu'il est jeune, pour ainsi parler, et qu'il a beaucoup d'impureté ; le vieux est en paix, d'autant qu'il est pur. Si vous êtes agité de désirs, croyez-moi, vous n'avez pas encore quitté la terre : plongez-vous en Dieu, qui est l'océan de tous les biens, et vous n'aurez plus de mouvements.

Pourquoi désirer ce que vous possédez? Si vous dites que vous ne le sentez point, ce n'est pas Dieu que vous cherchez, mais le sentiment de sa présence. Je désire peu de chose, dit un saint, et je désire fort peu ce que je désire. On désire souvent sa perfection par un motif secret d'ambition.

XXe question.

Peut-il y avoir de l'illusion dans la paix du cœur ?

R. Dieu est un Dieu de paix, parce qu'il demeure dans la paix, et qu'il n'y a que lui qui puisse donner la paix. Si votre cœur est en paix, c'est une marque que Dieu en est le maître : et vous ne devez pas croire qu'elle procède du démon, qui est un esprit de trouble. Je sais qu'il y a une fausse paix : mais celle-là n'entre point dans le cœur et ne saurait calmer ses inquiétudes.

Si vous me croyez, vous irez bonnement et simplement avec Dieu, et vous vous donnerez de garde de tant raffiner sur la dévotion. Il faut chercher Dieu dans la simplicité de son cœur. Une âme simple va devant soi sans crainte et sans défiance; comme elle s'est abandonnée à Dieu, elle se repose sur sa providence, et n'appréhende rien sous sa conduite.

Cela est bon et nécessaire aux personnes qui commencent, et qui sont encore agitées de passions ; mais les âmes parfaites ne doivent rien tant craindre que de songer à leurs propres intérêts, et que de faire la moindre réflexion sur elles-mêmes. Ceux qui sont morts à leur propre

jugement et à leur propre volonté, n'ont plus
ni pensée, ni désir : c'est Dieu qui veille sur
leur conduite, et qui se charge, pour ainsi parler, de toutes leurs affaires. L'amour de Dieu est
simple, l'amour-propre est réflexif. Soyez simple, dit l'Apôtre, comme les enfants de Dieu.
Ôtez de votre esprit ces réflexions et ces dé-
fiances. Marchez sans crainte sous la conduite
de Dieu et de vos supérieurs, et vous ne tomberez jamais dans l'illusion.

XXIe question.

Une âme peut-elle tomber en illusion sans sa
faute, et sans celle de son directeur?

R. Je ne le crois pas. Il faut, pour s'égarer des
voies de Dieu, manquer de fidélité à ses grâces.
Son esprit est droit et fidèle, il ne laisse jamais
tomber dans l'erreur ceux qui s'abandonnent à
sa conduite. Eh! qui pourrait vivre en assurance,
si cela était? Dieu peut faire naître un homme
aveugle, pour en tirer sa gloire ; mais l'aveuglement de l'âme n'est pas innocent comme celui du corps, et ne peut procéder immédiate-
ment de l'esprit de lumière.

XXIIe question.

Les âmes qui sont dans l'union peuvent-elles faire quelque chose pour se vider des images qui occupent leur esprit; ou si elles doivent attendre cette opération de Dieu ?

R. Il faudrait un livre entier pour traiter cette matière. Vous ne ferez point mal de vous tenir au sentiment de saint Denis, de saint Bonaventure, de saint Bernard, de Gerson et de tous les savants qui ont écrit sur ce sujet, lesquels enseignent que l'union de l'âme avec Dieu n'est jamais parfaite quand il y a une créature entre deux; que ces images sont nécessaires aux personnes qui commencent et qui avancent, mais non pas aux parfaits; que l'esprit se doit vider de toutes les lumières créées, pour être rempli de la sagesse de Dieu, comme le cœur se doit vider de toutes les affections créées pour être rempli de son amour. Puisque Dieu produit cet effet, lorsqu'il s'unit intimement à une âme, il est évident qu'il ne peut être mauvais : par conséquent on peut travailler avec la grâce à se défaire de tout ce qui est créé pour s'unir plus intimement à l'être incréé de Dieu. Je soumets en ceci, aussi bien qu'en tout le reste, mon jugement à celui de ceux qui ont plus de lumière que moi. Mais il me semble que c'est là et la doctrine et la pratique de tous ceux qui ont non-seulement la connaissance, mais encore l'expérience de ces voies. Et il ne faut jamais qu'une personne spirituelle, pour éclairée qu'elle soit, donne son sens pour la règle unique d'une bonne conduite, parce qu'il y a plusieurs sortes de voies pour arriver à la perfection, et que Dieu ne donne pas à un seul la plénitude de toutes les lumières.

XVe CONSIDÉRATION.

DE L'UNION DE L'AME AVEC DIEU
PAR LA CONTEMPLATION.

I. — En quoi consiste cette union.

L'âme arrive à l'union divine et aux noces de
l'Agneau par trois de ses opérations : par la
méditation, par l'affection, et par la contemplation. La méditation instruit l'esprit ; l'affection échauffe le cœur ; la contemplation unit
l'âme avec Dieu. La méditation le purge de ses
vices et de ses erreurs ; l'affection l'enflamme et
lui fait pratiquer de bonnes œuvres ; la contemplation l'élève et la fait entrer dans le cabinet
de l'Époux. La méditation est pour ceux qui
commencent ; l'affection est pour ceux qui avancent ; la contemplation est pour les parfaits. Dans
la méditation l'esprit cherche ; dans l'affection
le cœur désire ; dans la contemplation l'âme

trouve ce qu'elle cherchait, et jouit de ce qu'elle
désirait. L'esprit travaille dans la méditation ;
le cœur soupire dans l'affection ; l'un et l'autre
se repose dans la contemplation. Ainsi l'union
divine est une jouissance de Dieu que l'âme a
cherché par la méditation, qu'elle a attiré par
l'affection. et qu'elle a trouvé par la contemplation. Le mot de contemplation marque une opération d'esprit, et c'est celle des savants. Mais
la contemplation chrétienne est moins dans l'esprit que dans le cœur. C'est un repos de l'âme
en Dieu, et une jouissance tranquille, qui n'est
troublée ni par aucune image de l'esprit, ni par
aucune agitation du cœur.

II. — Ses degrés.

L'âme qui veut être l'épouse de Jésus-Christ,
et recevoir un baiser de sa bouche, doit premièrement lui baiser les pieds comme la Madeleine,
et se purifier par les larmes de la pénitence, de
ses vices et de ses méchantes habitudes. Puis
elle doit lui baiser les mains, en pratiquant
quantité de bonnes œuvres. Ensuite elle doit attendre dans le silence et avec un profond respect, que Jésus la fasse entrer dans la salle du
festin pour recevoir ce baiser mystique ; c'est-

à-dire le divin Esprit , qui est, dit saint Bernard, un baiser du Père et du Fils. D'abord elle est servante et craint son Seigneur ; ensuite elle devient fille et respecte son Père ; enfin elle devient épouse, et aime uniquement son Époux. Voilà les degrés par lesquels on monte à la contemplation et qu'on arrive à l'union.

Saint Bernard expliquant ces paroles de David : *Le juste a dressé des montées dans son cœur*, marque quatre degrés de cette échelle mystique qui se réduisent aux trois que je viens de rapporter « L'homme sage, dit-il, dispose » des degrés en son âme pour monter et pour » arriver à la contemplation. Le premier est » vers le cœur ; le second est dans le cœur ; le » troisième est du cœur ; le quatrième est au- » dessus du cœur. Dans le premier on craint le » Seigneur ; dans le second on écoute le Maître : » dans le troisième on désire l'Époux : dans le » dernier on jouit de Dieu. »

III. — Ses effets.

Qui pourrait expliquer les effets de cette jouissance? On peut dire de ce mariage de la terre, ce que saint Paul dit de celui du Ciel. que l'œil n'a point vu, ni l'oreille entendu, ni le cœur humain conçu ce que Dieu prépare à ceux qui l'aiment. L'âme que la charité a blessée au cœur, sentant la douleur de sa plaie, qui ne peut être guérie que par la main de celui qui l'a faite, pleure inconsolablement, et brûle du désir de le trouver et de lui découvrir sa peine.

Après l'avoir longtemps cherché, enfin elle est comme morte, et perd l'usage de la parole, sans savoir plus ni que dire, ni que faire. Il se fait un silence dans le plus profond de son cœur, qui la surprend et qui l'étonne, n'en pouvant comprendre la cause. Peu après elle se voit environnée de ténèbres, et d'une nuit épaisse qui lui dérobe toutes ses lumières et toutes ses connaissances. Son imagination se trouve sans images, son esprit sans discours, son cœur sans mouvement, sa mémoire sans espèces, ses passions sans bruit, et ses sens sans opération. Et c'est pendant ce silence, et durant cette nuit, que le Verbe descend du Ciel, et que l'âme devient d'une manière ineffable l'épouse de Jésus-Christ. Ne me demandez point comment cela se fait; interrogez ceux qui en ont l'expérience. Tout ce que je vous puis dire, c'est que cette âme sort de ces unions si remplie de Dieu, et si pénétrée de son esprit, qu'elle ne se sent plus, et ne se connaît plus elle-même : et comme les fleuves se perdent dans la mer, elle se voit toute perdue et toute abîmée en Dieu.

Alors toutes les créatures disparaissent de devant ses yeux comme des ombres à la présence du soleil. Elle ne voit plus que la beauté de son divin Époux qui demeure dans le fond de son cœur; elle n'entend plus rien que sa voix, et ne goûte plus que la douceur de son entretien et de sa compagnie. Elle ne peut comprendre qu'on puisse aimer et rechercher quelque autre chose que lui.

Dieu appela Moïse du haut de la montagne de Sina, et le fit entrer dans un lieu secret tout couvert de nuées et de ténèbres. C'est dans ces obscurités, effroyables à la nature, que Dieu fait entrer une âme qui aspire à l'union. Il lui semble d'abord qu'elle va tomber du haut de cette montagne dans des précipices affreux; mais après qu'elle s'est plongée et ensevelie dans ces ténèbres, elle voit Jésus transfiguré, et contemple Dieu pour ainsi dire à découvert. Elle le sent quelquefois, sans le voir, qui s'imprime sur son cœur comme un cachet sur la cire, et qui grave de son doigt une loi d'amour qui dissipe toutes ses craintes et ses tristesses. Elle goûte pendant ce temps-là des plaisirs si purs et des consolations si fortes, qu'elle ne saurait dire, non plus que saint Paul, si elle est

ou dans le ciel ou sur la terre ; et si cela durait,
la nature succomberait aux violents efforts de
l'amour. Après ces unions et ces communica-
tions divines, l'âme descend de cette montagne
de la contemplation comme Moïse de celle de
Sina, tout éclatante de lumière, tout embrasée
d'amour, toute pénétrée de Dieu, toute par-
fumée d'odeurs célestes qui embaument le cœur
de tous ceux qui l'entendent parler, ou qui la
voient prier.

IV. — État mystique.

C'est à minuit, les portes des sens étant fermées, que l'Époux entre dans le cœur de son
épouse, sans qu'elle sache ni par où, ni comment il y est entré ; car son esprit souvent étant
dans de profondes ténèbres, elle s'aperçoit
néanmoins qu'on fait des noces dans son cœur,
et que l'eau froide et insipide de sa dévotion
est changée en un vin très-délicieux. Elle sent
quelquefois (si l'on peut parler ainsi), dans le
plus profond de son âme, des opérations de la
Divinité si fortes, si vives, si pénétrantes et si
délicieuses, qu'il lui est impossible de les exprimer.

V. — Festin de l'âme.

Tout retentit alors de cantiques de joie que la chaste Épouse chante à la gloire de son Époux. Elle boit ou plutôt elle s'enivre du vin des consolations, qui la font paraître insensée aux yeux de ceux qui n'ont pas assisté à ces noces. Alors Madeleine dit aux disciples : *J'ai vu le Seigneur,* et elle l'assure constamment, bien qu'on la traite de visionnaire. Alors Philippe transporté de joie s'écrie : Il m'a fait voir son Père, c'est assez, je ne désire plus rien. Alors Moïse mène son troupeau et toutes ses puissances dans le fond du désert, pour n'être vu de personne. Alors l'Époux dresse un festin à son Épouse dans une salle fermée à toutes les créatures. Les sens y sont quelquefois invités, et le plaisir qu'ils y goûtent est si grand, qu'il pénètre même jusqu'à la moelle des os, lesquels, tout durs et insensibles qu'ils sont, sont obligés de s'écrier : *O Seigneur, qui est-ce qui est semblable à vous !*

Pour l'esprit, il demeure ordinairement à la porte du cœur, où se fait ce festin de noces, sans y pouvoir entrer. Il sait que l'Époux est dedans ; mais il ne peut comprendre ce qui s'y

passe, jusqu'à ce que les portes de la salle lui
soient ouvertes. Et lorsque cette grâce lui est
accordée, ô mon Dieu! quelles extases! quels
ravissements! quelle joie à ce pauvre disciple
de Jésus, de voir son Seigneur, qu'il croyait
mort, vivant et ressuscité! L'âme alors trans-
portée d'amour, s'écrie avec saint Pierre, sans
savoir ce qu'elle dit : Seigneur, il fait bon ici. Oh!
que je suis contente et que je suis heureuse!
dressons trois tentes en ce lieu : l'une à la Foi,
l'autre à l'Espérance, et la troisième à la Charité. Mais cela ne dure pas longtemps : une nuée
céleste lui dérobe tout d'un coup la vue de ce
beau soleil, lequel par une merveille étrange,
se cachant à son esprit, s'enferme, pour ainsi
dire, dans son cœur, et l'embrase du feu de son
amour. C'est là le lit de l'Époux, où il repose
agréablement ; c'est là qu'il découvre à son
Épouse les secrets les plus cachés de la Divinité, et qu'il lui fait des caresses incompréhen-
sibles à l'esprit humain.

Heureuses les chastes épouses qui sont ap-
pelées à ces noces de l'Agneau! heureux les
morts qui meurent dans le Seigneur! morts à
leurs lumières et à leurs raisonnements; morts
à leurs soins et à leurs inquiétudes; morts à
leurs désirs et à leurs craintes. Ils passeront de
la crainte à l'espérance, de l'espérance à l'a-

mour, de l'amour à la jouissance, de la jouissance à l'union, et de l'union à la transformation. Alors Dieu essuiera leurs larmes, et l'Esprit leur dira qu'ils se reposent de leurs travaux, parce qu'ils jouiront désormais d'une paix qui ne sera plus troublée par aucun accident de la vie.

O mon cœur! quand seras-tu dans ce silence mystérieux? quand te plongeras-tu dans ces obscurités sacrées? quand entreras-tu dans ce royaume de paix?

Venez, âmes saintes, à ces noces de Cana ; Jésus vous y attend, et vous y invite. Si le vin vous manque, Marie y suppléera, et priera son Fils de faire un miracle en votre faveur. Venez, âmes savantes, étudier dans cette école d'amour ; laissez là vos beaux discours, et renoncez à vos propres lumières. Cette science ne s'apprend point par l'étude, mais par l'expérience. C'est l'onction qui l'enseigne, et non pas la doctrine. C'est une science du cœur, et non pas de l'esprit. Goûtez et voyez combien le Seigneur est doux. On voit les vérités naturelles avant que de les goûter ; mais il faut goûter celles-ci pour les voir et pour les comprendre.

VI. — Dispositions pour arriver à l'union.

Pour obtenir cette grâce d'union qui fait le paradis de la terre, il faut beaucoup de mortification et de recueillement : de mortification, pour détacher le cœur des créatures ; de recueillement pour s'unir à Dieu. Il faut s'abandonner à sa providence, sans s'inquiéter ni du présent ni de l'avenir, et se laisser gouverner par ses supérieurs, sans rien demander et sans rien refuser de ce qui peut plaire ou déplaire à la nature. Il faut renoncer à son propre sens, mortifier sa volonté, combattre ses passions, et obéir fidèlement à la grâce en tout ce qu'elle désire de nous.

VII. — Détachement.

Il est bien difficile de converser avec Dieu et avec les hommes. Il est impossible d'être recueilli ne demeurant jamais chez soi ; d'être libre d'esprit et esclave de cœur ; d'aimer toutes choses et de ne penser à rien ; d'être rempli d'affections et vide de distractions ; d'être spirituel menant une vie sensuelle ; d'être homme d'oraison et homme de conversation. Depuis que Moïse eut parlé à Dieu, il ne pouvait plus parler aux hommes ; sa langue était comme liée et empêchée : c'est la manière dont il s'exprime, pour faire connaître que, pour jouir de la compagnie de Dieu, il faut fuir la compagnie des hommes ; du moins que pour converser utilement avec les hommes, il faut avoir longtemps conversé avec Dieu.

VIII. — La méditation et l'affection nécessaires pour arriver à l'union.

Que je crains pour ces âmes présomptueuses qui veulent être épouses sans avoir été servantes, et se reposer sans avoir travaillé ! L'action doit précéder la contemplation ; la méditation doit exciter l'affection ; l'affection doit préparer à l'union. C'est par le travail qu'on arrive au repos. La crainte soutient l'amour ; la pénitence appuie l'espérance ; l'humanité de Jésus est la porte par où l'on entre dans le palais de la Divinité. Son enfance attendrit le cœur ; sa passion l'anime à la souffrance ; sa beauté le ravit ; sa bonté le charme ; ses bienfaits l'attirent ; son amour l'embrase, l'unit et le transforme.

Avez-vous médité, âme dévote, avant que de

contempler? Avez-vous travaillé avant que de vous reposer? pouvez-vous dire que votre paix est le fruit de vos combats et le prix de vos victoires? N'êtes-vous point d'intelligence avec vos passions? ne les avez-vous point assoupies et endormies au lieu de les faire mourir? n'avez-vous point fait trêve avec les ennemis de Dieu, au lieu de les détruire et de les assujettir à l'empire de la grâce? Craignez Dieu pour le connaître; mortifiez-vous pour le goûter; quittez tout pour le posséder; renoncez à vos lumières et à vos connaissances pour le voir et pour le contempler : car il a protesté que nul homme vivant ne le verra. Oh! que je meure donc, Seigneur, au plus tôt, afin que j'aie le bien de vous voir! Oh! quand viendra ce jour! quand sera-ce que j'entrerai dans la maison du Seigneur, ou que je le ferai entrer dans la mienne, pour m'entretenir avec lui seul à seul, les portes fermées, sans être aperçus de personne?

IX. — Grâces prêtées et non données.

Une grâce de visite ne fonde pas un état. Il y a, dit saint Bernard, des grâces qui sont prêtées, il y en a qui sont données; il y en a qui sont des attraits, il y en a qui sont des récompenses. Les grâces d'attrait précèdent le mérite ; les grâces de récompense suivent l'attrait, et couronnent le mérite. Les grâces d'attrait sont pour un temps ; les grâces de récompense sont pour toujours au regard des âmes fidèles. Il ne faut pas se tenir en assurance pour avoir vu une fois Jésus transfiguré sur le Thabor. Il ne faut pas se croire épouse pour avoir assisté une fois aux noces de Cana. Un pénitent qui commence à servir Dieu, peut quelquefois par une grâce spéciale jouir de Dieu, sans être pour cela en état de jouissance. Pour vous être trouvé une fois ou deux dans une voie d'oraison extraordinaire, il ne faut pas pour cela quitter l'ordinaire. Craignez, désirez, soupirez, travaillez, combattez, espérez : mais ne présumez jamais de vos mérites.

X. — Ames présomptueuses.

Il y a, dit saint Bernard, des âmes téméraires et présomptueuses qui ont la hardiesse d'entrer dans le cabinet de l'Époux, et qui osent lui dire d'un air hardi et impudent : *Qu'il me donne un baiser de sa bouche.* Elles n'ont point encore de robe nuptiale, et ne craignent point d'entrer dans la salle des noces. L'Époux les ayant remarquées, les fait enlever du festin ; et leur ayant lié les pieds et les mains, les fait jeter dans les ténèbres extérieures pour les punir de leur témérité. Une âme chargée de plaies n'a pas besoin d'un époux, mais d'un médecin. Elle doit chercher des remèdes et non pas demander des baisers. Il n'y a que les chastes amantes, les âmes saintes, pures et mortifiées qui puissent prétendre à cette faveur, et chanter le cantique de l'épouse : *Qu'il me donne un baiser de sa bouche.* Il n'y a que les âmes pacifiques et victorieuses de leurs passions, qui aient droit d'aspirer à la jouissance et à l'union. Oh ! qui oserait la demander! oh! qui pourrait ne la pas désirer?

XI. — Soupirs d'une épouse future.

Hélas! Seigneur, il y a longtemps par votre grâce que je pleure mes péchés, et que je les lave dans les eaux sacrées de la pénitence. Il y a longtemps que j'embrasse vos pieds avec Madeleine la pénitente, que je les baise et que je les arrose de mes larmes. Vous m'avez aussi par votre grâce quelquefois présenté votre main à baiser, pour m'exciter à faire de bonnes œuvres. Puis-je espérer après cela de voir un jour votre face adorable, et de recevoir, je le dis en tremblant, un sacré baiser de votre bouche? Oui,

vous le pouvez, âme dévote, pourvu que vous soyez humble et obéissante, pure et mortifiée ; pourvu que vous ne songiez qu'à vous abaisser, et non pas à vous élever ; pourvu que vous n'ayez point d'autre volonté que celle de Dieu et de vos supérieurs ; pourvu que vous vous abandonniez à sa providence, et que vous ne désiriez être, dans le temps et dans l'éternité, que ce qu'il veut que vous soyez ? pourvu enfin que vous vous rendiez digne de cette grâce, et que vous vous en jugiez éternellement indigne. Car l'humilité est le fondement de cette tour de perfection, et on ne monte en haut qu'en descendant dans l'abîme de ses misères.

XII. — Humilité nécessaire pour devenir épouse

Oh ! que j'estime une âme qui s'élève à la contemplation de Dieu par la contemplation de soi-même ! Jamais vous n'arriverez à l'union, que vous ne soyez persuadé, non seulement en spéculation, mais encore en pratique, et par une longue expérience de vos misères, que Dieu est tout, et que vous n'êtes rien ; qu'il n'est que lumière, et que vous n'êtes que ténèbres ; qu'il n'est que sagesse, et que vous n'êtes que folie ; qu'il n'est que force, et que vous n'êtes qu'infirmité ; qu'il n'est que bonté, et que vous n'êtes que malice. Si vous n'êtes, dis-je, pénétré de ces vérités, et si vous remarquez dans vous quelque autre chose qu'un abîme infini de défauts et d'imperfections, vous êtes bien éloigné du lieu où vous voulez aller. Si vous ne croyez de bonne foi et sans feinte, que vous êtes le plus faible de tous les hommes, le plus ingrat de tous les chrétiens, et le plus grand de tous les pécheurs, vous avez encore bien du chemin à faire pour arriver à l'union. Oh! que j'ai peu d'estime d'une âme qui ne remarque dans elle que des vertus et des mérites, et qui est en peine de savoir ce qui lui manque! Tout manque à celui qui croit ne manquer de rien. Vous serez en état d'arriver à la contemplation, lorsque vous serez persuadé que vous êtes en quelque manière aussi méchant que Dieu est bon ; et comme il est la plénitude de tous les biens, que vous êtes en votre manière la plénitude de tous les maux, oh! le beau mariage que celui de tout avec le rien, de l'abondance avec l'indigence, du plein avec le vide ! Jusqu'à ce que vous soyez un homme semblable à Jérémie qui voit sa pauvreté, Dieu ne vous enrichira point de ses grâces ; et si vous ne vous videz entièrement de l'estime de vous-même, vous ne serez jamais rempli de l'esprit de Dieu, qui est le père des unions, et le lien sacré qui unit l'âme à Jésus-Christ dans les ombres de la foi, dont il la couvre lorsqu'elle s'abandonne entièrement à la volonté de Dieu, et qu'elle dit avec la sainte Vierge : *Voici la servante du Seigneur, qu'il me soit fait selon sa parole.*

FIN

TABLE DES MATIÈRES.

FIN DE LA TABLE DES MATIÈRES.

De l'Imprimerie de BEAU, à Saint-Germain-en-Laye.

Doctrine spirituelle de Bossuet, extraite de ses Œuvres, par un Père de la Compagnie de Jésus, avec indication des tomes et pages des Œuvres de Bossuet. 1 vol. in-12.
2 fr. 50 c.

Lettres spirituelles de Bossuet, par un Père de la Compagnie de Jésus. 1 vol. in-12. 2 fr. 50 c.

Collection de Précis historiques, ou Choix de Faits et de Dissertations tirés de l'Histoire de l'Église, par Éd. Terwecoren, S. J.

Le désir du savant auteur est de faire connaître et aimer la Religion par ses fastes; l'histoire de l'Église, c'est le dogme, la morale et le culte en action. Populariser cette histoire, la mettre à la portée de toutes les intelligences, de toutes les conditions, de toutes les fortunes, et surtout des hommes du monde et des jeunes gens instruits, voilà le but où tendront constamment les efforts de cette publication.

Aucun opuscule ne paraîtra sans avoir mérité l'approbation ecclésiastique.

La collection d'une année forme 24 livraisons. — On ne s'abonne pas pour moins d'une année entière; mais on reçoit toutes les livraisons antérieures, qui ont paru dans le courant de l'année. — Les abonnés peuvent aussi obtenir la collection des opuscules d'une année précédente, au prix de l'abonnement.

Le prix de l'abonnement est de 7 fr. pour les départements. — Étranger, 10 fr.

De la connaissance de Dieu, par A. Gratry, prêtre de l'Oratoire de l'Immaculée Conception, auteur d'une Étude sur la Sophistique contemporaine. 2 beaux volumes in-8°. 12 fr.

De la Destinée humaine, explication du symbole de la foi catholique, par l'abbé H. Duclos, du clergé de la paroisse des Missions Étrangères, à Paris. 1 vol. in-12.
4 fr. 50 c.

La Théodicée chrétienne, d'après les Pères de l'Église, ou Essai philosophique sur le traité *de Deo*, du Père Thomassin, de l'Oratoire, par l'abbé Louis Lescœur, de l'Oratoire. 1 vol. in-8°. 6 fr.

Du Paganisme, de son principe et de son histoire, par l'abbé François Chenel; ouvrage approuvé par Mgr l'évêque de Quimper. 1 vol. in-18 anglais. 2 fr. 50

Juan Donoso Cortés, marquis de Valdégamas, par le comte de Montalembert, l'un des quarante de l'Académie française. In-8°. 1 fr.

Exposition du mystère de la souffrance. Développement du livre de Job; ouvrage dédié à Mgr l'Archevêque de Paris, par l'abbé Em. Castan, chanoine honoraire. 1 vol. in-12. 1 fr. 50

Imprimerie de Beau, à Saint-Germain-en-Laye.